Günther Weisenborn
Joy Weisenborn
Wenn wir endlich frei sind

Günther Weisenborn
Joy Weisenborn

Wenn wir endlich frei sind

Briefe, Lieder, Kassiber

1942–1943

Mit einer Einleitung von
Hermann Vinke

Arche

Erweiterte Neuausgabe
Herausgegeben von Elisabeth Raabe

Arche Literatur Verlag AG, Zürich-Hamburg

Umschlag: Max Bartholl, b3K Hamburg-Frankfurt a. M.
Umschlagfoto: Günther und Joy Weisenborn, Ende der 1940er Jahre
Satz: Greiner & Reichel, Köln
Druck und Bindung: CPI-Clausen & Bosse, Leck
Printed in Germany
ISBN 978-3-7160-2378-5

Inhalt

Was ist der Mensch?
Eine Haut voll Hoffnung.
Günther Weisenborn, Babel

Günther Weisenborn – Weltbürger und Patriot

Hermann Vinke

Von dem alten Winzerhaus in Agarone blickt Günther Weisenborn hinunter ins weite Tal, das von Weingärten gesäumt ist und fast bis nach Ascona reicht. Er liebt diese Landschaft, zumal sich im Sommer 1964 das Tessin wieder von seiner schönsten Seite zeigt. Das einst baufällige Gebäude nebst Ziegenstall und Wiese haben der Schriftsteller und seine Frau Joy fünf Jahre zuvor gekauft und umgebaut. Seitdem verbringen sie dort inmitten der freien Natur mit ihren beiden Söhnen die Sommerferien.

Gerade hat er sein Buch *Der gespaltene Horizont* abgeschlossen und mit einer »Nachbemerkung« versehen – kein Vermächtnis, wohl aber eine Botschaft, die ihm nach all den unruhigen Jahrzehnten und der gerade überwundenen Erkrankung wichtig erscheint. *»Wer je über Ozeane gefahren ist, der wird viele Bedenklichkeiten im engen Zentraleuropa als provinziell empfinden. Es wird Zeit, daß wir ein Weltbewußtsein entwickeln.«*[1] Den ganzen Globus hat Weisenborn nicht kennengelernt, aber doch weite Teile davon; neben Europa vor allem Süd- und Nordamerika, die Sowjetunion, China und Indien.

Der welterfahrene Günther Weisenborn (1902–1969) war stets neugierig auf Menschen mit ihren Geschichten und Schicksalen. Sein Leben war zugleich tief verwoben mit dem dunkelsten Kapitel Deutschlands im vergangenen Jahrhundert, das ihn, den Schriftsteller, Dramaturgen und Reporter, zum Widerstandskämpfer gegen die Barbarei des NS-Regimes werden ließ.

Das Studium der Medizin, Germanistik und Philosophie an der Universität Bonn hatte der in Velbert im Rheinland geborene Kaufmannssohn an den Nagel gehängt und schon früh mit dem Schreiben begonnen: Dramen, Gedichte, Erzählungen, später auch Songs – fast alles ging ihm leicht von der Hand und fand Anklang. Sein erstes Bühnenstück, von einem Studienfreund ohne sein Wissen beim Bochumer Theater eingereicht, war dort bereits angenommen, doch Weisenborn lehnte eine Aufführung ab. Er hielt das Werk für nicht ausgereift. Um so eindrucksvoller verlief 1928 die Premiere seines Antikriegsdramas *U-Boot S 4*, das an der Berliner Volksbühne unter der Regie von Erwin Piscator und mit Heinrich George in der Hauptrolle uraufgeführt wurde. Wenige Stunden, bevor der Vorhang sich hob, wollte Weisenborn sich im Theater umsehen. Er war voller Erwartung. Doch die Putzfrauen verscheuchten ihn, bevor er sich erklären konnte. Auch im Büro der Volksbühne sah man ihn mißtrauisch an. *»Sie glaubten nicht, daß ich der Autor wäre. Ich war ihnen zu jung und zu klein. Dabei war ich sechsundzwanzig.«*[2]

Das Stück spielte vor einem aktuellen Hintergrund: Die deutsche Kriegsmarine sollte aufgerüstet werden, insbesondere mit dem *Panzerkreuzer A*, dessen Bau heftig umstritten war. Dem setzte Weisenborn die Darstellung des qualvollen Todes amerikanischer Matrosen an Bord eines Unterseebootes entgegen. Offensichtlich traf er damit einen Nerv. *U-Boot S 4* wurde auf 16 Bühnen gespielt. Das Publikum verstand das Antikriegsstück, im Gegensatz zur Rechtspresse, die wütend auf ihn einschlug. Weisenborn zählte jetzt zur Avantgarde.

Er war 28 und ein vielversprechender Autor, was Weisenborn nicht daran hinderte, 1930 Deutschland in Richtung Südamerika zu verlassen. Er suchte nach neuen Ideen, neuen Erfahrungen, Abenteuer eingeschlossen. In Argentinien schlug er sich ein Jahr lang als Landarbeiter, Lehrer und Postreiter durch. *»Es war eine wolkenlose Zeit damals für Pferd und Mensch, der Himmel war hoch, und der Wind ging früh und spät, und wir beide waren unterwegs mit den Briefen«*[3], heißt es in dem Roman *Die einsame Herde*, den Weisenborn 1937 unter dem Pseudonym Christian Munk herausbrachte, mit dem Untertitel *Buch der wilden, blühenden Pampa*.

Argentinien – das hieß Einsamkeit und Abenteuer. Die Weite der Landschaft faszinierte ihn. Aber noch wichtiger waren ihm die Menschen, vor allem die Indios und Kreolen, die zumeist in bitterer Armut lebten. Weisenborn begriff: Das war keine überkommene, sondern eine von Menschen gemachte Not, eine Folge von Kolonialismus und Ausbeutung. Sein Blick für soziale Mißstände gewann an Schärfe. Über seine Rückfahrt 1931 notierte er: *»Ich kam ohne Geld in Buenos Aires aufs Schiff: Zwischendeck. Das hieß vier Wochen Essen und Bett und Atlantik. Wir schliefen zu etwa hundert Männern in einem eisernen Saal tief unten im Schiff. Es waren Ausgebeutete, Müde, Verlorene und viele spanische Erntearbeiter.«*[4]

Weisenborn kehrte nach Berlin zurück. Die Stadt, die ihm zur zweiten Heimat geworden war, hatte sich innerhalb eines Jahres verändert. Unversöhnlich standen sich die politischen Lager gegenüber, schacherten um die Macht und drängten die Weimarer Republik immer weiter an den Rand. Die Weltwirtschaftskrise im Gefolge des New Yorker Börsenkrachs hatte das politische Klima aufgeheizt.

Die unmittelbaren Auswirkungen dieser Krise hatte Weisenborn noch vor seiner Argentinien-Reise miterlebt: Massenarbeitslosigkeit, Firmenpleiten, die Vernichtung von Werten in Milliardenhöhe. Jetzt versuchten die Nationalsozialisten, die globale Krise für sich zu nutzen. Joseph Goebbels, von Hitler als Gauleiter eingesetzt, ließ in den Straßen der Reichshauptstadt Schlägertrupps der SA aufmarschieren. Im Reichstag verhöhnten NS-Politiker die Demokraten. Gleichzeitig aber zehrte Berlin Anfang der 1930er Jahre noch von der vorausgegangenen Aufbruchstimmung. Noch immer war die Stadt ein Magnet für alle, die mit Kunst und Kultur zu tun hatten: Maler, Schriftsteller, Architekten, Musiker und Theaterleute.

An diese Zeit des Aufbruchs wollte Günther Weisenborn nach seiner Rückkehr anknüpfen. Mit Elan stürzte er sich in die Arbeit. Die hektische politische Atmosphäre lähmte ihn nicht, im Gegenteil, sie spornte ihn an. Er schrieb neue Stücke fürs Theater, Gedichte und Songs, wobei Lotte Lenya, Trude Hesterberg und Valeska Gert seine bevorzugten Interpretinnen waren. An der Seite von Bertolt Brecht und Hanns Eisler verwirklichte er Theaterprojekte, etwa die Bearbeitung der *Mutter* von Maxim Gorki. Mit Brecht hatte er schon in den 1920er Jahren zusammengearbeitet, u. a. bei der Inszenierung der *Dreigroschenoper.* »Leidenschaftslose Vernunft«, wie Weisenborn es nannte, verband die beiden ebenso wie die Sachlichkeit, die die Wirklichkeit von Politik und Gesellschaft in die künstlerische Auseinandersetzung mit einbezog.

Auch das Gesellige kam nicht zu kurz. Weisenborn, geistreich und gutaussehend, war der Schwarm vieler Frauen und galt als ausgezeichneter Geschichtenerzähler. Er strahlte Weltläufigkeit auf eine natürliche Weise aus.

Als der greise Reichspräsident Paul von Hindenburg im Januar 1933 Adolf Hitler zum Kanzler ernannte, erstarb das blühende Kulturleben schlagartig. Am 10. Mai 1933 landete auch der Studentenroman *Die Barbaren* von Günther Weisenborn auf dem Scheiterhaufen. Er und andere ahnten: Dort, wo Bücher verbrannt werden, würden bald auch Menschen verbrannt. Bei der Uraufführung seiner Komödie *Warum lacht Frau Balsam?* 1933 inszenierte die SA Tumulte. Die Aufführung mußte abgebrochen werden. Kurz darauf wurde das Stück abgesetzt. Weisenborn erhielt Schreibverbot. Unter dem Pseudonym Christian Munk publizierte er jedoch weiter, so verfaßte er 1934 für die Schauspielerin Agnes Straub das Schauspiel *Die Neuberin*, das ein großer Erfolg wurde.

Enge und Engstirnigkeit, Haß und Intoleranz gewannen von nun an in Deutschland die Oberhand – für Weisenborn eine schwer erträgliche Situation. Sich mit den Nationalsozialisten zu arrangieren, um zu überwintern, das kam für ihn nicht in Frage. Er reiste 1936 nach Prag und Italien, landete schließlich in New York, wo er einen Job als Lokalreporter annahm. Eine Metropole mit Millionen von Menschen aus allen Erdteilen – New York stellte in seiner Vielfalt Berlin bei weitem in den Schatten. Täglich berichtete Weisenborn über alle möglichen Themen, beispielsweise über einen Erfinderkongreß, ein Beerdigungsinstitut oder eine Arbeiterversammlung. Sein Arbeitstag war lang, und manchmal wunderte er sich, wo er war: »*Jetzt war ich müde, meine Pfeife war kalt geworden, und Sonnabend konnte ich mir fünfundzwanzig Dollar abholen. Ich war einer von vielen, einer vom Lokaldepartment. Ich war Reporter in New York.*«[5]

Von New York aus erkundete er das benachbarte Virginia. Hier erlebte er die erste Reaktion der Amerikaner auf das Eingreifen der deutschen Luftwaffe in den Spanischen Bürgerkrieg. Ein Zeitungsjunge schrie: »*Germans bomb Almeria! … Germans bomb Spain!*« Leute rannten auf die Straße, diskutierten aufgebracht und verfluchten die Deutschen. »*Ich war ein Deutscher, aber die Untaten meiner ›Volksgenossen‹ verfolgen mich bis hierher. Wir alle waren einfache Leute, die nichts wollten als Frieden, jene aber wollten schießen. Und sie schossen so lange, bis auf sie geschossen wurde. Ich war ein Deutscher, und ich schämte mich meines Vaterlandes, das ich trotzdem liebte.*«[6]

Sosehr ihn das aufregende Leben in der Metropole am Hudson River fesselte – die Nachrichten aus Deutschland beunruhigten Weisenborn so sehr, daß er sich entschloß, zurückzukehren statt zu bleiben. Inzwischen war Deutschland überzogen mit einem Netz von Konzentrationslagern. Zu Zehntausenden vegetierten Kommunisten, Sozialdemokraten, Gewerkschafter, Zentrumsleute, Juden und Homosexuelle hinter Stacheldraht – als »Schutzhäftlinge« der Willkür und dem Sadismus ihrer Bewacher ausgeliefert.

Beruflich konnte Weisenborn bald wieder Fuß fassen. Die US-Filmgesellschaft Metro-Goldwyn-Mayer, die in Berlin eine Niederlassung besaß, beschäftigte ihn als literarischen Agenten, der sich u. a. um Produktionen und Lizenzen im Ausland kümmerte. An seiner neuen Arbeitsstelle lernte er Libertas Schulze-Boysen kennen, die in der Pressestelle der Filmgesellschaft arbeitete – eine ungewöhnlich schöne, begabte und lebensbejahende Frau. »*… sie war schlank und jung. Sie war die Enkelin jenes Fürsten Eulenburg, der die ›Rosenlieder‹ für Wilhelm II. gedichtet hatte und einstmals Hofmarschall des letzten Kaisers war. Sie ritt ausgezeichnet, und ich vergesse nicht, wie sie eines Tages heftig atmend und voller Lebensfreude strahlend auf mich zukam, das Pferd am Zügel.*«[7] Zwischen ihr und Weisenborn entwickelte sich ein freundschaftliches Verhältnis. Sie wollte schreiben lernen und ließ sich von ihm Tipps zum Handwerk des

Schreibens geben. Verheiratet war sie mit dem Offizier im Reichsluftfahrtministerium Harro Schulze-Boysen (1909–1942).

Schulze-Boysen war über die Kriegsvorbereitungen bestens informiert und suchte seit langem Verbindung mit anderen Regimegegnern, ähnlich wie Arvid Harnack (1901–1942), Oberregierungsrat im Reichswirtschaftsministerium. So war seit 1935 ein loser Verbund von über 100 Personen verschiedener sozialer Herkunft und mit ganz unterschiedlichen politischen Ansichten entstanden. Einig aber war man sich in der Ablehnung der NS-Diktatur.

Günther Weisenborn gehörte schon bald zum engsten Kreis um das Ehepaar Schulze-Boysen, das einen offenen Lebensstil pflegte und gemeinsam mit Freunden seine Freizeit gestaltete. Sie segelten auf den Seen in der Umgebung Berlins, unternahmen Ausflüge an die Ostsee sowie Fahrten nach Gut Liebenberg an der Lanke, wo Libertas Schulze-Boysen aufgewachsen war. In den Briefen, die Harro Schulze-Boysen regelmäßig an seine Eltern richtete, erwähnte er mehrfach seinen neuen Freund. *»In letzter Zeit sah ich öfter Günther Weisenborn, den Verfasser verschiedener nicht schlechter Bücher«*, heißt es am 27. Januar 1938. *»Er kann sehr viel, und wir können einiges von ihm lernen. Libs* [Libertas] *braucht ja einen Lehrmeister auf dem Gebiet des Schreibens.«*[8]

Daß Günther Weisenborn schon bald von der illegalen Tätigkeit Schulze-Boysens erfuhr, liegt auf der Hand. Bevor er sich allerdings aktiv beteiligte, wurde er einer Art Prüfung unterzogen. Wenn er gegen das Regime sei, dann müsse er doch auch etwas dagegen tun, erklärte einer. Widerstand sei doch fast aussichtslos, zweifelte Weisenborn; das damit verbundene Risiko sei geradezu unmenschlich hoch. Aber wenn viele, vielleicht sogar Tausende, etwas unternähmen, sähe die Sache ganz anders aus, wurde erwidert. *»Hier saßen vier junge Männer an einem Tisch, … und am Ende gaben sie sich alle die Hand. Als ich ging, duzten wir uns. Sie waren Männer, die Mut hatten und mir Mut gemacht hatten.«*[9]

Am Nachmittag des 31. August 1939 segelten Harro Schulze-Boysen und Günther Weisenborn auf dem Wannsee. Das Boot war bei kräftigem Wind bereits ein gutes Stück vorangekommen, da überraschte der

Offizier ihn mit einer ungeheuerlichen Nachricht: *»›In dieser Nacht geht es los gegen Polen ... Später wird er* [Hitler] *in Rußland einfallen ... Jetzt wird wirklich Weltgeschichte gemacht, nur macht er sie nicht mehr allein ... Wir werden uns alle ein wenig daran beteiligen, die ganze Welt um uns und ... wir!‹«* Schulze-Boysen fügte hinzu: *»›Es wird der größte Krieg der Weltgeschichte werden ... Jener aber wird ihn nicht überleben.‹«*[10]

Am folgenden Tag überfiel die deutsche Wehrmacht Polen. Es war der 1. September 1939, der Beginn des Zweiten Weltkriegs. Günther Weisenborn blieben die Worte des Freundes, die sich in den folgenden Jahren auf schreckliche Weise bestätigten, im Gedächtnis haften. Sie bedeuteten ihm, dem Pazifisten, zusätzlichen Ansporn bei seiner Widerstandstätigkeit. Vorbild war Harro Schulze-Boysen, »die Hoffnung der Deutschen«, wie er ihn genannt hat. Ihn verehrte er ebenso wie dessen Frau Libertas. Über ihn schrieb er nach dem Krieg: *»Da ist Harro, ein schönes, ein nobles Gesicht. Der ganze Mann, wie er dastand, war ein Bild dessen, was sich Militärs damals von einem jungen Offizier erträumten, gut gewachsen, blauäugig, kühn, Oberleutnant der Luftwaffe, Sohn eines Kapitäns zur See, aus der Familie jenes Admiral Tirpitz.«*[11]

Schulze-Boysen verfolgte eine Doppelstrategie, die er auch seinem Freund empfahl: strikte äußere Anpassung an das Regime – der junge Offizier genoß im Luftfahrtministerium ein hervorragendes Ansehen – und gleichzeitig aktiver Widerstand in einem Kreis von Gleichgesinnten. Weisenborn folgte dem Rat. 1940 bot sich dem Schriftsteller die Chance, beim Großdeutschen Rundfunk einzusteigen. Zunächst leitete er dort die Nachrichtenzentrale, deren Hauptaufgabe darin bestand, Propaganda und Unwahrheiten über den Kriegsverlauf zu verbreiten. Dann übernahm er die Kulturredaktion und ab Januar 1942 das zentrale Korrespondentenbüro – ein Aufgabenbereich, der wiederum mit Auslandsreisen verbunden war.

Sein Einsatz im Rundfunk ermöglichte ihm eine schnelle Karriere. Gleichzeitig verstärkte er die illegale Tätigkeit, indem er half, Meldungen aus dem Ausland über das Kriegsgeschehen in Umlauf zu bringen. Neben diesen Aktivitäten fand er noch Zeit, dramaturgische Aufgaben zu übernehmen, und zwar am Berliner Schiller-Theater.

1939, also noch vor seiner Tätigkeit beim Rundfunk, lernte Weisenborn Margarete Schnabel kennen, genannt »Joy«, seine große Liebe und spätere Frau. Sie stand ebenfalls in Verbindung zum Freundeskreis Schulze-Boysen, und zwar durch ihre Bekanntschaft mit Libertas, der sie 1936 während einer Bahnfahrt nach England begegnet war. Zwei Jahre später hatten sie sich zufällig in Berlin wiedergetroffen und bald darauf Freundschaft geschlossen. Zeitweise wohnte Margarete Schnabel als Untermieterin im Haus von Schulze-Boysen.

Die 1914 in Wuppertal-Barmen geborene Margarete Schnabel war ausgebildete Lehrerin, lebte in den Niederlanden, England und Frankreich, arbeitete zeitweise in einem Reisebüro in Berlin, bereiste halb Europa als Sängerin und Schauspielerin und trat auch vor Einheiten der Wehrmacht auf.

Im Januar 1940 heirateten sie. Joy zog in Weisenborns Atelier in der Bayreuther Straße 10 in Berlin-Schöneberg. Die Sprachbegabung kam Joy Weisenborn immer wieder zugute. Sie übersetzte Texte aus dem Niederländischen, stenographierte Rundfunkansprachen von Thomas Mann und Winston Churchill mit und tippte sie anschließend ab. Von den unmittelbaren Widerstandsaktivitäten ihres Mannes scheint sie keine Kenntnis gehabt zu haben.

Ein im August 1941 von der deutschen Abwehr abgefangener und erst ein Jahr später entschlüsselter Funkspruch aus Moskau an eine Untergrundorganisation in Brüssel führte zur Zerschlagung des Widerstandskreises um Schulze-Boysen-Harnack. In der Vorstellung der Gestapo handelte es sich bei dieser Gruppe um einen Teil einer großen, geschlossenen Spionageorganisation im Dienst der Sowjetunion, wovon keine Rede sein konnte. Die Berliner Gruppe unterhielt zwar Kontakte zur sowjetischen Botschaft in der Reichshauptstadt, stand aber gleichzeitig in Verbindung mit amerikanischen Diplomaten. Beide Alliierten sollten die von Schulze-Boysen aus dem Luftfahrtministerium geschmuggelten Informationen erhalten, damit sie ihren Kampf gegen Hitler-Deutschland darauf einstellen konnten.

Nach der Entschlüsselung des Funkspruchs, der die Namen und

Adressen führender Mitglieder der Berliner Widerstandsgruppe enthielt, holte die Gestapo zum großen Schlag gegen die »Rote Kapelle« aus, so der Deckname, unter dem die Gestapo ihre Ermittlungen führte. In Berlin wurden über 130 Personen verhaftet, darunter Harro Schulze-Boysen und Arvid Harnack.

Am 26. September 1942 klingelte es um 5 Uhr morgens auch in der Wohnung an der Bayreuther Straße 10. Joy und Günther Weisenborn wurden verhaftet. Joy Weisenborn kam ins Polizeipräsidium am Alexanderplatz, Günther Weisenborn in die Gestapozentrale Prinz-Albrecht-Straße 8. Da das Kellergefängnis schon bald überfüllt war, wurde er am 21. Oktober ins Strafgefängnis Spandau verlegt. Die einzige Verbindung zwischen ihm und seiner Frau bildeten fortan Briefe und Kassiber. Darin ermunterten sie sich gegenseitig immer wieder, durchzuhalten und nicht aufzugeben. Dieser Briefwechsel, der unter schwierigsten Bedingungen aufrechterhalten wurde, zeugt von ihrer tiefen Liebe, die sich trotz aller Belastungen als unerschütterlich erwies.

Über neun Monate verbrachte Günther Weisenborn in Einzelhaft. Im Februar 1943 wurde ihm vor dem Reichskriegsgericht an der Witzlebenstraße[12] in Berlin der Prozeß gemacht. Der Angeklagte war auf alles gefaßt. Seine engsten Freunde und Mitstreiter aus dem Widerstandskreis lebten zu diesem Zeitpunkt schon nicht mehr. Harro Schulze-Boysen und seine Frau Libertas, Arvid Harnack und dessen Frau Mildred sowie weitere Angeklagte waren im Dezember 1942 zum Tode verurteilt und bis auf zwei am 22. Dezember in Plötzensee hingerichtet worden – die einen durch den Strang, die anderen durch die Guillotine. Andere Mitglieder der »Roten Kapelle« lebten noch, darunter zahlreiche Frauen, so auch die Keramikerin Cato Bontjes van Beek (1920–1943). Wie Sophie Scholl hatte sie Flugblätter verteilt und wurde im August 1943 mit 22 Jahren hingerichtet, nachdem sie fast 10 Monate in Berliner Gefängnissen eingesperrt war, davon die meiste Zeit mit einem bestätigten Todesurteil.

Nach der verheerenden Niederlage der Wehrmacht in Stalingrad im Januar 1943 kannte Hitler nur noch Rache. Tatsächlich forderte der als Chefankläger eingesetzte Oberstkriegsgerichtsrat Manfred Roeder auch für Weisenborn die Todesstrafe. Als dieser abends in seine Zelle zurückkehrte, schrieb er seiner Frau: *»Muß ich sterben, so werde ich tapfer und schweigsam sterben. Es ist Krieg, die einen fallen in Stalingrad, die anderen in Plötzensee. Wir werden uns auf jeden Fall jetzt lange nicht sehn, aber unsere Liebe wird nicht vergehn. Sie wird ein Teil der großen Weltliebe sein, der wir dienen und zu der wir uns gläubig bekennen.«*[13]

Bei den Vernehmungen hatte Weisenborn genau darauf geachtet, daß möglichst wenig belastendes Material in die Akten gelangte. Durch geschicktes Taktieren blieben die meisten Anklagepunkte vage und unklar. Ohne andere Häftlinge zu belasten, erreichte er ein Urteil, das ihm das Überleben sicherte: drei Jahre Zuchthaus »wegen Nichtanzeige eines Verbrechens«. Die Strafe verbüßte er nach einer Zwischenstation in der Haftanstalt Moabit vom August 1943 bis zur Befreiung durch die Rote Armee im April 1945 im Zuchthaus Luckau in Brandenburg. Joy Weisenborn kam überraschenderweise ohne Prozeß davon. Sie wurde im April 1943 entlassen.

Im Zuchthaus Luckau, wo Günther Weisenborn häufig im Außenbereich eingesetzt wurde, etwa zum Holzfällen, gelang es ihm, ein stummes Wiedersehen mit seiner Frau zu arrangieren. Zusammen mit anderen Gefangenen arbeitete er an einer Eisenbahnstrecke. Durch einen Brief, den er einem Streckenwärter zusteckte, konnte er sie zum Bahnhof Rochau nördlich von Stendal dirigieren, den die Häftlinge regelmäßig zu einer bestimmten Zeit passierten. *»Hier stand ich … ein Zuchthäusler in vielfach geflickten Lumpen, schmutzig, unrasiert, hungrig und müde. Und dort stand sie, acht Meter entfernt, sauber, hübsch, gepflegt, eine junge Frau, deren kleines Gesicht sehr bleich und sehr hell gegen die dunklen Kiefern sich abhob, und ein Leuchten in den dunklen Augen, das ich nie vergessen kann.«*[14]

Es brachte ihn fast um den Verstand, daß er kein Wort mit ihr wechseln konnte. Und zugleich empfand er ein herrliches Glücksgefühl. Seine Kameraden wiesen vorsichtig mit dem Kopf auf das »hübsche Weib« – der Wachmann sollte nichts merken. Sie freuten sich über den unverhofften Anblick. *»Sie ahnten nicht, daß es meine Frau war, daß sie zwei Tage gereist war, um einige Blicke auf diesem einsamen Bahnsteig mit mir tauschen zu können.«*

Erst nach dem Krieg sahen sich die beiden wieder – dieses Mal durch einen glücklichen Zufall. Günther Weisenborn hatte sich für eine Fahrt nach Potsdam ein Fahrrad geliehen. Unterwegs wollte er eine Radfahrerin überholen und klingelte. Die Frau drehte sich um; es war Joy, nach der er schon lange geforscht hatte und die jetzt ihre Schwester in Potsdam besuchen wollte. *»Ihr Rad flog nach links, meins nach rechts, und dann war nichts als schierer Himmel um uns beide. Als sich der Himmel hob, standen rings um uns herum Leute und lachten.«*[15]

Während der Haft fragte Weisenborn sich, wie er unter den unmenschlichen Haftbedingungen überleben konnte. Er sah, daß Mitgefangene von Wärtern ohne Grund brutal zusammengeschlagen wurden. Wer sich krankmeldete, mußte damit rechnen, daß sich sein Zustand eher noch verschlechterte, statt daß ihm geholfen wurde. Nur wenn ein Häftling kurz vor der Hinrichtung stand, wurde alles getan, ihn daran zu hindern, seinem Leben selbst ein Ende zu setzen.

Weisenborn entschied sich in dieser Situation für das, was er am besten konnte: schreiben. Er schrieb, wann immer sich die Gelegenheit dazu bot, und zwar mit einem Bleistiftstummel auf Papiertüten. Wie andere Gefangene auch mußte er Tüten kleben, mehrere Hundert am Tag. Davon legte er sich einen Vorrat an. Noch in der Gestapohaft verfaßte er innerhalb von zwei Wochen das Drama *Babel*.

Seine Überlebensstrategie bestand jedoch vor allem darin, Eindrükke, Erlebnisse und Begegnungen der 1920er und 1930er Jahre zurückzuholen und schriftlich festzuhalten. Auch wenn es sich manchmal nur um Episoden, Randereignisse und flüchtige Momente handelte – alles brachte Weisenborn zu Papier. Diese Erinnerungsnotizen, die wie durch ein Wunder erhalten blieben, bildeten die Grundlage für seine beiden wichtigsten Bücher der Nachkriegszeit, *Memorial*, das bereits 1947 erschien, und *Der gespaltene Horizont* (1964).

Die schriftstellerische Arbeit hinter Gittern erforderte allerdings eiserne Disziplin und große Anstrengung, denn die düstere Umgebung war wahrlich nicht dazu angetan, die Phantasie zu beflügeln: »… *In der ungeheizten Zelle klebt man Tüten mit froststarren Händen, man zittert vor Kälte, der Atem steht weiß vor dem Mund, und der Hunger macht dich fast besinnungslos in diesem grauen Elend.«*[16] Das Schreibpensum, das Weisenborn sich auferlegte, war enorm – Briefe, Aufsätze, umfangreiche Notizen, mehrseitige Kassiber. Per Klopfzeichen tauschte er sich mit anderen Häftlingen aus, spielte Schach mit ihnen und verabredete Aussagen für den anstehenden Prozeß.

Unmittelbar nach seiner Befreiung durch die Rote Armee suchte Weisenborn nach dem Manuskript seines in der Haft verfaßten Dramas *Babel* sowie den vielen Notizen und Aufzeichnungen. Er entdeckte die Unterlagen in seinem Handkoffer im Zuchthaus Luckau und war erleichtert: *»Tabak und Pfeife waren verschwunden, aber das Manuskript war unversehrt. Und ich nahm es mit, als ich auf einer überfüllten Lokomotive nach Berlin fuhr.«*[17]

Vor der Rückkehr nach Berlin sammelte Weisenborn erstmals Erfahrungen als Kommunalpolitiker. Die sowjetische Militärbehörde hatte ihn zum Bürgermeister mehrerer Gemeinden im Kreis Luckau bestimmt. Unter abenteuerlichen Bedingungen versuchte er, die öffentliche Ordnung wiederherzustellen. Als Bürgermeister achtete er darauf, daß es nicht zu spontanen Racheakten kam, sondern daß Verdächtige vor Gericht gestellt wurden. Am Ende seiner ungewohnten Tätigkeit legte Weisenborn einen Rechenschaftsbericht vor. Dieser enthielt eine lange Liste dessen, was in kurzer Zeit erreicht worden war, von der Beseitigung von Panzersperren über die Neueröffnung von Schulen bis zu Versuchen, Plünderungen und Vergewaltigungen zu verhindern.

Die alte Reichshauptstadt erkannte Weisenborn kaum wieder. Berlin stand »nur noch halb hoch«, wie er in einem Gedicht schrieb. Ganze Straßenzüge lagen unter Bergen von Schutt. Im Spandauer Gefängnis suchte er die Zelle mit der Nummer 136 auf, seine Zelle, in der er den von ihm selbst in die Wand geritzten Satz *»Hier wartet auf das Kriegsgericht G. W.«* wiederentdeckte. Einen seiner früheren Wärter, der mit den politischen Häftlingen besonders hart umgesprungen war, erkannte er an der Stimme wieder. Mit Bertolt Brecht durchstreifte er die Ruinen des früheren Gestapo-Gefängnisses in der Prinz-Albrecht-Straße. Brecht wollte alles genau wissen: Ob es unten ganz dunkel gewesen sei, wie die Gestapo die Gefangenen behandelt habe, ob und wie gefoltert worden sei usw. Weisenborn reagierte irritiert: *»Ich dachte an die Zeit damals, als ich hier frierend, fast im Dunkeln, auf dem Schemel saß und wartete. Ich wußte damals, Brecht lebte in Kalifornien. Da gab es blaue Brandung, Sonne, Hollywood und keine Gestapo.«*[18]

Wie Günther Weisenborn in seinen Briefen an Joy immer wieder betont hat – für ihn gab es nach dem Krieg nur eines: Arbeiten, arbeiten, arbeiten. Als erstes gründete er Ende 1945 die literarisch-satirische Zeitschrift *Ulenspiegel*. Die Idee stammte von dem Zeichner Herbert Sandberg, der zehn Jahre im KZ gesessen hatte. Eine amerikanische Lizenz zu bekommen bereitete keine Probleme. Dem zuständigen Presseoffizier kam der deutsche Humor jedoch nicht geheuer vor. Daß die Deutschen unmittelbar nach Kriegsende wieder lachen sollten, verstand er nicht. Zwei Jahre hielt sich der *Ulenspiegel*, dann kam das Aus. Den Ausschlag gab das Ansinnen der US-Militärbehörden, die satirische Zeitschrift im beginnenden Kalten Krieg durch Kürzung der Papierlieferungen auf die westliche Linie zu zwingen. Das war mit Weisenborn nicht zu machen. Den Neuanfang stellte er sich anders vor.

Viele von denen, die im Exil überlebt hatten, traf Weisenborn nun wieder: Johannes R. Becher, Hanns Eisler, Alfred Döblin und andere. Er versuchte, Schriftstellerinnen und Schriftsteller aus Ost und West an einen Tisch zu bringen. Die Dichter und Denker sollten sich durch die Politik nicht entzweien lassen. So versammelten sich Anfang Oktober 1947 über 280 Schriftsteller, Kritiker, Verleger und Publizisten aus den vier Besatzungszonen und aus dem Ausland in Berlin zum *Ersten Deutschen Schriftstellerkongreß*.

Am Anfang stand eine Totenfeier: die Erinnerung und das Gedenken an die durch Krieg und Verfolgung umgekommenen Schriftsteller. Ihre Namen waren auf einer großen Tafel mitten auf der Bühne des

Hebbel-Theaters zu lesen. Ricarda Huch, die große alte Dame der deutschen Literatur und Ehrenpräsidentin des Kongresses, sprach aus, was die Überlebenden bewegte: Nach all dem Leid, der Vernichtung und Zerstörung müsse es einen »Neuaufbau Deutschlands« geben.

Als Initiator der Veranstaltung steuerte Günther Weisenborn die Debatten. Mehr als einmal drohte die Diskussion zu entgleisen, vor allem als der Amerikaner Melvin Lasky den »sowjetischen Totalitarismus« scharf angriff und die sowjetischen Gäste empört darauf reagierten. In den meisten Punkten waren die Schriftsteller sich jedoch einig. Sie faßten Entschließungen gegen den Antisemitismus und die schleppende Aufhebung von Unrechtsurteilen aus der NS-Zeit. In einem abschließenden Manifest verpflichteten sie sich, die Erinnerung an das während der NS-Zeit begangene Unrecht wachzuhalten, der drohenden Spaltung Deutschlands entgegenzuwirken und für den Frieden einzutreten.

Mit dem Verlauf des dreitägigen Kongresses war Weisenborn weitgehend zufrieden. Daß das Treffen im aufbrechenden Kalten Krieg überhaupt zustande kam und zu Ergebnissen führte, war nicht zuletzt dem Geschick Weisenborns zu verdanken. Seine Hoffnung, weitere Veranstaltungen dieser Art folgen zu lassen, erfüllte sich jedoch nicht. Beinahe hilflos mußte er zusehen, wie das Denken in Blöcken alle seine Bemühungen zunichte machte.

Ein weiteres Projekt, ein Buch mit den letzten Briefen »von den Hingerichteten, den Opfern des Nationalsozialismus« herauszubringen, scheiterte am Einspruch des zuständigen NS-Opferverbandes in Ostberlin. *»Der Zorn packt mich noch heute, wenn ich daran denke, daß wenig später eine häßliche Broschüre erschien, die vorwiegend Abschiedsbriefe hingerichteter Kommunisten enthielt, eine Broschüre, die kaum bekannt wurde und wenig Echo fand. Das hatten jene Menschen, die in ihrer bittersten Stunde Abschiedsbriefe geschrieben hatten, nicht verdient. Das tat weh …«*[19]

Weisenborn machte sich wenig später daran, eine eigene Arbeit über den deutschen Widerstand herauszubringen. Die Dichterin Ricarda Huch überließ ihm dazu das von ihr zu diesem Thema bereits gesammelte Material. Weisenborn gelang es, wichtige Dokumente aufzuarbeiten und für die Nachwelt zu sichern. Sein Buch erschien 1953 im Rowohlt Verlag in Hamburg unter dem Titel *Der lautlose Aufstand. Bericht über die Widerstandsbewegung des deutschen Volkes 1933–1945* und war die erste umfassende Veröffentlichung über den Widerstand in Deutschland. Gerade dieses Buch beweist, daß Weisenborn wie kaum ein anderer Schriftsteller prädestiniert war, aus eigener Erfahrung die Erinnerung an jene, »die kämpfend auf dem Schafott gefallen« waren, wachzuhalten.

Trotz seiner Bemühungen, den Opfern der NS-Diktatur, den »Mutigen unseres Vaterlandes«, einen angemessenen Platz im Gedächtnis der Überlebenden zu sichern, konnte Weisenborn es nicht verhindern, daß die Widerstandsgruppe, der er selbst angehört hatte, zwischen den verfeindeten Blöcken des Kalten Krieges zerrieben wurde. Kein Widerstandskreis ist nach 1945 derart für politische Zwecke mißbraucht worden wie die sogenannte »Rote Kapelle«. Die DDR vereinnahmte die Gruppe als zentral gesteuerte kommunistische Widerstandsorganisation, deren Anhänger als »Kundschafter des Friedens« tätig gewesen seien. Und in der Bundesrepublik reichte vielen schon die Bezeichnung »Rote Kapelle«, um diesen Teil des Widerstandes zu diffamieren. Den Umgang der jungen Bundesrepublik mit der NS-Vergangenheit beobachtete Weiseborn mit Argwohn und Empörung. Er sprach von *»kriegerischen Denkweisen«: »Dem galt es sich zu widersetzen. Es waren vorwiegend die alten Nazis, seit Globke, der die Tore öffnete, kehrten sie wieder an die Macht zurück. Jeder, der weiter sah, mußte sich zur Wehr setzen.«*[20]

Weisenborns eigene literarische Arbeiten setzten 1946 mit dem Widerstandsdrama *Die Illegalen* wieder ein. 1947 erschien sein Bericht *Memorial.* Als er 1951 Chefdramaturg der Hamburger Kammerspiele wurde, gründete er das »Dramaturgische Kollegium«. Unter seiner Leitung diskutierten Studenten und junge Autorinnen und Autoren Aspekte der Theaterarbeit.

Zwischen Vortragsreisen nach Paris, London, New York und Moskau entstanden Komödien, Dramen und politische Stücke in großer Zahl, darunter *Drei ehrenwerte Herren* (Uraufführung 1951), *Spanische*

Hochzeit (ebenfalls 1951), *Zwei Engel steigen aus* (1955), *Das verlorene Gesicht* (1956), *15 Schnüre Geld* (1959), *Die Familie von Makabah* (1960) und *Das Glück der Konkubinen* (1965). Für das Drehbuch zum Film *Der 20. Juli* unter der Regie von Falk Harnack erhielt Weisenborn 1956 den Bundesfilmpreis. Bei der *Göttinger Kantate*, die 1958 uraufgeführt wurde, führte Erwin Piscator wieder Regie. Dieses Stück bezieht sich auf die »Göttinger Erklärung« vom April 1957, in der 18 Professoren vor der Gefahr eines Atomkriegs warnten und verlangten, daß die Bundesrepublik auf Atomwaffen verzichtete.

Ohne seine Frau Joy ist die umfangreiche literarische Produktion kaum vorstellbar: Sie war die erste Leserin, tippte die handschriftlichen Manuskripte ab und ließ sich die Texte von ihrem Mann diktieren, so wie es die beiden von Beginn ihrer Ehe an gehalten hatten. In dieser Rolle hat Joy Weisenborn sich stets glücklich und bestätigt gefühlt. 1946 und 1947 wurden ihre beiden Söhne geboren. 1948 zog die Familie nach Engelwies am Bodensee, 1951 von dort nach Hamburg. Nach der schweren Erkrankung von Günther Weisenborn im Jahr 1964 entschlossen sie sich, wieder nach Berlin zurückzukehren, genauer: nach West-Berlin. Die Sommer aber verbrachte Weisenborn nach wie vor mit seiner Familie im Tessin.

Es begann eine Zeit des Innehaltens und des Rückblicks. Trotz Verfolgung und Zuchthaus, trotz der Rückschläge und Enttäuschungen nach 1945 bewahrte sich Weisenborn seine Zuversicht und seinen Optimismus. Schließlich hatte er die Jahre in Freiheit genutzt wie wenige andere Schriftsteller seiner Generation. Er glaubte weiterhin an die »Weltliebe«, die für ihn noch mehr bedeutete als bloße Menschenfreundlichkeit.

»Es besteht Grund zur Hoffnung für unsere Welt«[21], so lautet einer der Kernsätze seines Spätwerks, *Der gespaltene Horizont*. Der Pazifist Weisenborn vertraute bis zuletzt der Friedenssehnsucht der Menschen. *»Wenn dereinst in großen Ordnungen gedacht wird, deren erste der allgemeine Weltfrieden ist und die Beseitigung der Angst, unter der wir unser Leben lang litten, dann wird man auf uns vielleicht mit einiger Sympathie blicken ...«*[22]

»Es sind immer die wenigen, auf denen die Zukunft ruht.«
André Gide

In Zeiten vielfältiger Bedrohungen, die heute den ganzen Globus betreffen, macht es Sinn, an den Friedensfreund, den Weltbürger und Patrioten, den Schriftsteller und Dramaturgen, den Reporter und Widerstandskämpfer Günther Weisenborn zu erinnern. Seine Frau Joy Weisenborn hat 1984 die Briefe und Kassiber, die sie mit ihrem Mann während ihrer Haft zwischen 1942 und 1943 gewechselt hatte, den Verlegerinnen des Arche Verlags, Elisabeth Raabe und Regina Vitali, zur Verfügung gestellt. Daraus entstand das Buch *Einmal laß mich traurig sein. Briefe, Lieder, Kassiber 1942–1943*, das eine ganz neue, persönliche Seite Weisenborns dokumentiert.

Dieser bewegende Briefwechsel bildet die Grundlage auch dieses Buches. Neu enthalten ist darin eine Auswahl der Briefe und Kassiber, die Günther Weisenborn nach der Entlassung seiner Frau zwischen April und August 1943 geschrieben hat.[23] Die Neuausgabe soll helfen, das Gedenken an die Menschen wachzuhalten, die sich während der NS-Zeit dem Strom der Mitläufer mutig entgegenstellten und dafür ihr Leben riskierten. Günther Weisenborn gehörte zu ihnen.

Nach dem Krieg trug Günther Weisenborn entscheidend dazu bei, im zerstörten und geschlagenen Deutschland das geistige und kulturelle Leben wieder in Gang zu bringen. Heute ist ein ganz neuer Blick auf ihn und sein umfangreiches Werk möglich, nachdem der Kalte Krieg und das Denken in Blöcken überwunden sind. Dafür fehlt um so dringender noch immer das neue »Weltbewußtsein«, für das Weisenborn sich so nachhaltig wie überzeugend eingesetzt hat.

1 Günther Weisenborn, *Der gespaltene Horizont.* Berlin und Weimar: Aufbau-Verlag 1982, S. 516
2 Günther Weisenborn, *Memorial.* Berlin und Weimar: Aufbau-Verlag 1982, 59, S. 72
3 Günther Weisenborn, *Die einsame Herde.* Ravensburg: Otto Maier Verlag 1983, S. 47
4 *Memorial* 55, S. 70
5 *Memorial* 17, S. 29
6 *Memorial* 135, S. 156
7 *Der gespaltene Horizont*, S. 341. Vgl. auch S. 162
8 Hans Coppi/Geertje Andresen (Hg.), *Dieser Tod paßt zu mir. Harro Schulze-Boysen – Grenzgänger im Widerstand. Briefe 1915 bis 1942.* Berlin: Aufbau-Verlag 1999, S. 251
9 *Memorial* 2, S. 16

10 *Memorial* 6, S. 18 f.
11 *Der gespaltene Horizont*, S. 339. Vgl. auch S. 161
12 Das Gebäude des Reichskriegsgerichts ist in eine Wohnanlage umgestaltet worden unter dem Motto »Wohnen am Lietzensee«.
13 Vgl. S. 97 f.
14 *Memorial* 136, S. 157. Vgl. auch S. 150
15 *Memorial* 202, S. 224. Vgl. auch S. 152
16 *Memorial* 50, S. 64
17 *Memorial* 90, S. 105. Vgl. auch S. 112
18 *Der gespaltene Horizont*, S. 352. Vgl. auch S. 157 f.
19 *Der gespaltene Horizont*, S. 280
20 *Der gespaltene Horizont*, S. 533; Hans Globke verfaßte als Referent für Judenfragen im Reichsinnenministerium einen Kommentar zu den Nürnberger Rassegesetzen; 1953–1963 war er Staatssekretär, also Chef des Bundeskanzleramtes unter Konrad Adenauer.
21 *Der gespaltene Horizont*, S. 518
22 *Der gespaltene Horizont*, S. 519
23 Vgl. auch *Zur Neuausgabe*, S. 169 ff.

Günther Weisenborn
Joy Weisenborn
Briefe, Lieder, Kassiber und Erinnerungen

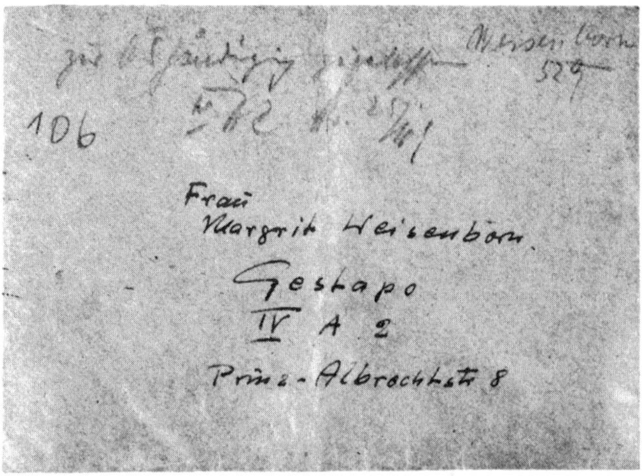

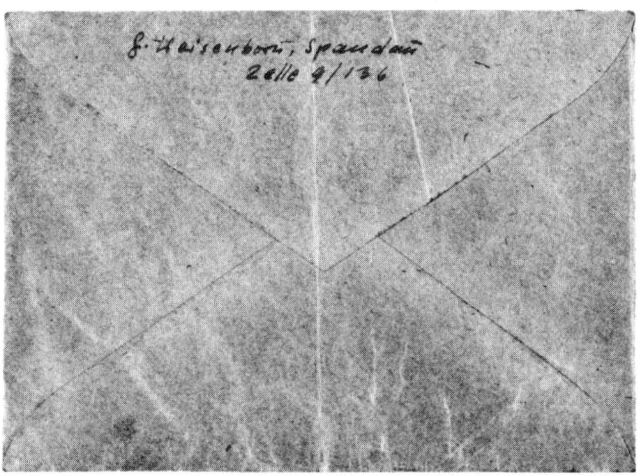

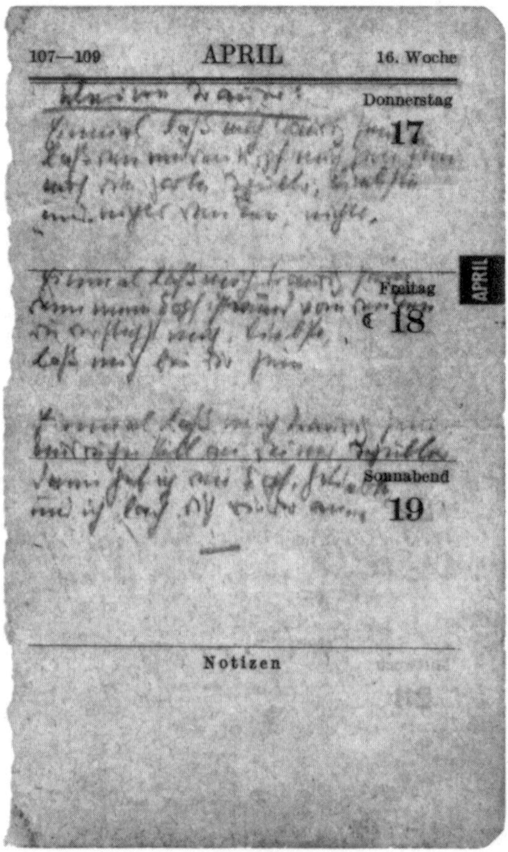

107—109 APRIL 16. Woche

Donnerstag 17

Freitag 18

Sonnabend 19

Notizen

APRIL

Kleine Trauer

Einmal laß mich traurig sein,
laß den müden Kopf mich senken
auf die zarte Schulter, Liebste,
und nichts denken, nichts.

Einmal laß mich traurig sein,
denn mein Kopf ist wund vom Denken,
du verstehst mich, Liebste,
laß mich bei dir sein.

Einmal laß mich traurig sein,
ausruhn still an deiner Schulter,
dann heb ich den Kopf, Geliebte,
und ich lach dich wieder an.

Es klopfte laut an unsere Ateliertür am Wittenbergplatz in Berlin. Wir wurden wach, es war noch dunkel, fünf Uhr. Ich öffnete die Tür, vier Männer drangen herein, Zivilisten, die Hände in den Manteltaschen. »Kriminalpolizei«, sagte einer. Er war der Gestapokommissar.

Sie verteilten sich sofort, einer kontrollierte den Radioapparat. Wir mußten uns anziehen.

»Sie müssen beide mitkommen«, sagte der Kommissar, »es kann etwas länger dauern. Packen Sie einen Koffer.«

Joy packte einen Handkoffer.

»Sie denken wohl, Sie kommen in eine Gemeinschaftszelle«, schnauzte er sie an. »Packen Sie nur zwei Koffer.«

Wir packten zwei Koffer. Als Joy stolperte, sagte der Kommissar: »Falln Se langsam, dann ham Se mehr Jenuß davon!« Sie stand wie eine Flamme, voller schneidender Verachtung.

Zwei der Männer blieben in der Wohnung. Unten warteten zwei Privatautos mit zwei Fahrern in Zivilkleidung. Die Hausbewohner starrten durch alle Gardinen. Sie wurde in das erste Auto gebracht und abgefahren. Der Kommissar setzte sich zu mir und sagte dem Fahrer: »Na, dann wollen wa mal.« Man fuhr mich in die Prinz-Albrecht-Straße, wo ich mit dem Lift in den Keller gebracht wurde. Und in die Zelle.

An jenem Tag hatten die Gestapoleute noch jenen forschen, umgänglichen Ton, mit dem sie Vertrauen zu erwecken suchten, jenes »wat denn … wat denn … nö, mein Lieber … es geht alles vorüber …«

Es ging alles vorüber.

Aus: Günther Weisenborn, *Memorial.* Berlin und Weimar: Aufbau-Verlag 1982, 14, S. 27 – Die führenden Mitglieder der Widerstandsorganisation um den Oberleutnant der Luftwaffe im Reichsluftfahrtministerium, Harro Schulze-Boysen, und den Oberregierungsrat im Reichswirtschaftsministerium, Dr. Arvid Harnack, waren bereits Ende August/Anfang September 1942 verhaftet worden. Die Gestapo nahm Harro Schulze-Boysen am 30. 8. 1942 in seinem Arbeitszimmer im Ministerium fest, seine Frau Libertas im Zug, Arvid und Mildred Harnack in einem ostpreußischen Fischerort am 3. 9. 1942 und Walter und Martha Husemann am 19. 9. 1942 in Berlin. Joy Weisenborn (im folgenden JW abgekürzt) dazu im Gespräch mit der Herausgeberin: »Wir wußten, daß wir verhaftet wurden. Alle anderen waren ja schon weg. Ich war damals noch an der Ostsee, mein Mann ließ mich zurückkommen. Unterzutauchen – daran haben wir nicht gedacht. Man konnte ja auch nicht mehr raus. Die Grenzen waren ja zu. Es war Krieg.« Insgesamt wurden in den nächsten Wochen bei der Razzia auf diese größte und umfassendste Widerstandsgruppe gegen Hitler über 600 Menschen nicht nur in Berlin, sondern in vielen deutschen Städten sowie im Ausland verhaftet.

Günther Weisenborn an Joy Weisenborn
Prinz-Albrecht-Str. 8[1], 8. Oktober 1942

Mein Joyken,
ich will Dir nur sagen, daß ich Dich schrecklich lieb habe, und Du willst doch sicher, daß ich mir keine Sorgen mache wegen Deines Gesundheitszustandes, nicht? Bitte, geh also zum Arzt und laß Dich behandeln und schon Dich und weine nicht, sondern sei tapfer und ruhig. Spiel einige Partien nach dem Dufresne[2], so daß Du mich später schlagen kannst, besonders studier Eröffnungen und Endspiele. Mach Dir einen Zeitplan: Braut v. Madrid[3] lernen, Schach studieren, lesen, zeichnen, Gymnastik, zeichne Situationen aus Büchern usw. Besonders Gymnastik ist wichtig, mein Liebstes: 20 Kniebeugen, 8 Kerzen, 20 x Holzhacken, 20 x nach rückwärts strecken, Dauerlauf auf der Stelle, damit der Blutkreislauf in Bewegung kommt. Das ist so wichtig gegen Deine Ohnmachten.

Ich hab mich so schrecklich gefreut, Dich zu sehen, es war so wunderbar![4] Ich hab Dich so lieb wie nie, Deine Rose liegt vor mir und duftet.[5] Deine Augen sind tiefer geworden und viel schöner. Es ist eine harte Zeit, mein innig geliebtes Joyken, aber ich glaube fest, sie wird bald vorüber sein. Dann werden wir wieder ein Fest zu zweien in unserem schönen Atelier machen, spielen unsere Cavatina von Bach, trinken ein Glas Rotwein und lachen wieder einmal und sehn uns an und haben uns lieb, so wie es an Deinem Geburtstag war, und dann spielst Du unsere Lieder[6] zur Ziehharmonika …

Ach, mein Kleines, ich bin nur ruhig, wenn Du auch ruhig bist, sonst mach ich mir Sorgen. Behalte Deine Fröhlichkeit, Deine Nerven und Deine Gesundheit. Du hast ja ein gutes Gewissen.[7] Schlaf viel und pfleg Dich, so gut es geht, und sieh zu, daß Deine Rückengeschichte besser wird, ja? Deine Gesundheit ist meine Gesundheit. Und ich bin gesund und in guter Verfassung, wie Du ja gestern gesehn hast. Ach, mein Joyken, ich freu mich so sehr, daß Du lebst. Und daß ich Dich kenne. Und daß Du mich liebst

Dein darum fröhlicher Pitt

1 Günther Weisenborn (im folgenden GW abgekürzt) kam am 26. 9. 1942 zunächst mit den anderen Mitgliedern des »inneren Kreises« um Harro Schulze-Boysen und Arvid Harnack in den Keller des Reichssicherheitshauptamtes, der berüchtigten Gestapozentrale in der Prinz-Albrecht-Straße, in Einzelhaft. Laut Kassiber vom 21. 7. 1943 wurde GW am 21. 10. 1942 zusammen mit 35 anderen Widerstandskämpfern in die Zitadelle Spandau, Zelle 9/136, verlegt, da die Prinz-Albrecht-Straße sehr bald überfüllt war. Vor Beginn der Verhandlung gegen Weisenborn wurde er am 21. 1. 1943 erneut in die Gestapozentrale verlegt, wo er nach neunmonatiger Einzelhaft am 21. 6. 1943 in eine Gemeinschaftszelle kam und am 25. 6. 1943 in das Gefängnis Moabit verlegt wurde. Von hier aus wurde er am 16. 8. 1943 (um »4 Uhr 06 Min.«) in das Zuchthaus Luckau/Niederlausitz abtransportiert.

2 Jean Dufresne, *Kleines Lehrbuch des Schachspiels.* 13. Aufl. Mit Abb. Ln. 1935

3 GW hatte der Filmschauspielerin Camilla Horn kurz vor der Verhaftung ein Theaterstück versprochen. Dieses Stück konnte GW auf Vermittlung von C. Horn im März 1943 in der Prinz-Albrecht-Straße fertigstellen, wobei er den ursprünglichen Entwurf völlig umschrieb. Das Stück wurde u. d. T. *Spanische Hochzeit* 1951 an den Hamburger Kammerspielen uraufgeführt. Vgl. JW an GW, 3. 12. 1942

4 GW und JW durften sich am 7. 10. 1942 sehen. Beide hatten zunächst einmal im Monat Sprecherlaubnis. Die Treffen fanden im Büro des Kriminalinspektors in der Prinz-Albrecht-Str. 8 statt, meistens wurde ein zweiter Beamter hinzugezogen. JW wurde jeweils mit der »Grünen Minna« vom Gefängnis Alexanderplatz dorthin gefahren, während GW mit dem Lift aus dem Keller nach oben gefahren wurde. Oft mußte einer auf den anderen warten. Die verlorene Sprechzeit wurde nicht angehängt. Um einen möglichst geringen Verwaltungsaufwand zu haben, erteilte die Gestapo gleichzeitig auch dem Vater von GW, Karl Weisenborn aus Opladen, sowie der Schwester von JW, Erika Kuhn, die Besuchserlaubnis. So verliefen die von GW und JW sehnsüchtig erwarteten Begegnungen meistens für beide frustrierend. Der in den späteren Briefen immer wieder erwähnte Vater von GW, der zeitweise gemeinsam mit Frau Lausberg, der Haushälterin, in Weisenborns Atelier in der Bayreuther Str. 10 wohnte, schickte Bücher, Kleidung und anderes, während die Schwester ab und an für das leibliche Wohl der beiden Gefangenen sorgte.

5 Die Schwester von JW hatte Rosen mitgebracht, eine davon schenkte JW ihrem Mann.

6 GW hat in der Zeit seiner Widerstandsarbeit einfache, eingängige Liedtexte geschrieben, die JW zu eigenen Melodien privat und öffentlich zur Ziehharmonika gesungen hat. Die Lieder

waren zum Teil sehr verbreitet und wurden heimlich an der Front gesungen. Vgl. JW an GW, 15. 11. 1942, JW an GW, 16. 4. 1943

7 JW war im engeren Sinn nicht politisch aktiv für die Gruppe. Sie hat allerdings Flugblätter und ausländische Reden mit Handschuhen getippt und für Harro Schulze-Boysen Übersetzungen aus dem Niederländischen angefertigt. GW hat seine Frau bewußt nicht in die inneren Zusammenhänge solcher Arbeiten und in die eigentlichen Aktivitäten der Gruppe eingeweiht, um sie nicht zu belasten. Im übrigen gehörte die Schweigepflicht zu den Grundsätzen der illegalen Arbeit, auch unter Ehepaaren, die beide aktiv mitarbeiteten. Oft hatten sie unterschiedliche Aufgaben zu erfüllen, von denen auch der nächste Partner nichts erfuhr. Unbedingtes Vertrauen in den anderen war daher überlebensnotwendig. JW wurde gleichwohl wegen Verdunklungsgefahr mitverhaftet. Sie wurde nur einmal, etwa eine Woche nach der Verhaftung, verhört. Dabei wurde sie nach bestimmten Aktionen von Harro und Libertas Schulze-Boysen befragt, die JW jedoch unbekannt waren. Weiter wurde sie über die bekannte Klebe-Aktion im Berliner Tiergarten vernommen (*Memorial* 36, S. 50. Vgl. auch S. 39 dieser Ausgabe). JW wurde am 12. 4. 1943 freigelassen.

Um vier Uhr nachmittags fällt die Klappe an meiner Tür. Der SS-Posten ruft herein: »Sie werden gleich abgeholt ...« Und dann folgt das furchtbare Wort »... zur Vernehmung«.

Ich sitze wie erstarrt. Das Herz beginnt zu klopfen. Dann beginne ich fieberhaft, meinen Kampfplan erneut zu überlegen. Und wenn er so fragt und so und so? Und wenn er danach fragt und danach? Finde die Antwort. Schnell. Du wirst gleich abgeholt. Es ist fünf Uhr.

Ich sitze mit eisern zusammengebissenen Zähnen, entschlossen, energiegeladen, gespannt und kampfbereit. Immer wieder rasen meine Gedanken durch alle Möglichkeiten. Es wird sechs Uhr, es gibt die Abendsuppe. Nach dem Essen eiliger Spaziergang in der Zelle. Die Gedanken rasen im Kreis. Ich werde müde. Es ist acht Uhr.

Ich liege auf der Pritsche, bereit, sofort aufzuspringen. Die Gedanken fangen an, sich zu verwirren. Es ist kalt in der Zelle, ich friere wie ein Hund. Ich höre es draußen zehn schlagen. Ich bin fertig.

Ich weiß nicht mehr aus noch ein, es ist ja sinnlos, das alles! Es schlägt elf Uhr. Ich bin von der nutzlos verschwendeten Energie wie gelähmt. Es ist alles egal. Ich liege mit offenen Augen. Es schlägt zwölf Uhr. Sie kommen nicht mehr, und wenn sie kommen, ist es egal. Müde, müde bin ich. Endlich, gegen halb zwei, rasseln die Schlüssel, die Tür geht auf. Ein bleicher, böser SS-Posten: »Los, mitkommen! Vernehmung!«

Ich stehe auf wie gerädert und gehe mit.

Einen frischen, ausgeruhten Mann will er nicht zur Vernehmung. Er soll seine Nerven bereits verloren haben, ehe es anfängt.

Aus: *Memorial* 32, S. 47 f.

Joy Weisenborn an Günther Weisenborn
Alexanderplatz[1], [8. Oktober 1942]

Mein geliebter Junge, mein Pitt!!

Schon wieder ist ein ganzer Tag vergangen, seit wir uns gesehen. Es war eine wunderbare Stunde, jede Minute habe ich ausgekostet, und ich zehre jetzt bis zum nächsten Wiedersehn davon. Es war lieb von Herrn H., daß er uns diese Stunde genießen ließ.[2]

Ich lese viel und zwischendurch gehe ich in meiner Zelle hin und her. Dann kommen mir die schönsten Träume vom Sommer – vom Meer – Mein liebster Junge, mache Dir nur keine Sorgen um mich, morgen gehe ich artig zum Arzt, heute ließ man mich nicht. Als ich gestern hier ankam, habe ich sofort der Oberwachtmeisterin, die den Umschlag für Herrn Habecker an sich genommen hatte, nochmals gesagt, die Raucherkarte weiterzubefördern. Sie sagte, sie hätte es besorgt. Ich bin da nun völlig machtlos, und kannst Du vielleicht Herrn H. Bescheid zukommen lassen, daß er mal mit dieser Dienststelle telefoniert. Es ist mir so unangenehm, weil Herr H. so lieb war und mir seine eigenen Zigaretten gab. Hoffentlich hat Vater für Zigaretten gesorgt. Vater soll tüchtig für Bücher sorgen, ich lese so schnell, und da hat man im Nu ein Buch aus.

Vor mir liegt Dein Röschen, das Du geküßt hast, es wird nicht ewig frisch bleiben, aber meine Liebe bleibt frisch für Dich, mein Pitt! Ich bin auch ganz tapfer und weine nicht mehr, nur wenn ich Dich sehe, dann kommt immer so eine kleine Tränendrüse hoch, die sich ergießen muß, aber das ist nur Freude!

Jetzt gleich geh ich schlafen, und morgen mache ich den 14. Strich an die Wand, hoffentlich kommen nicht mehr so viele dazu. Gute Nacht, mein Pitt, in Gedanken bin ich immer bei Dir! Schlafe gut, aber wirklich!

Dein Dich so innigliebendes Joyken

1 Vom 26.9.1942 an saß JW in Einzelhaft im Gefängnis Alexanderplatz, wo auch andere Frauen aus der Widerstandsgruppe (z. B. die Ärztin Elfriede Paul) lagen. Bei den Wärterinnen galten sie als Attraktion: Sonntags luden diese ihre Verwandten ein und führten sie an den geöffneten Zellentüren vorbei (»wie im Zoo«). Den obligatorischen Spaziergang im Hof gab es nicht. Am 28. 1. 1943 wurde JW in das Gefängnis der Polizeistelle Charlottenburg strafverlegt, da sie einer Zellennachbarin Kassiber geschickt hatte (siehe auch S. 95, Anm. 2).

2 Für den Fall »Weisenborn« war der Kriminalinspektor Walter Habecker zuständig. GW hat Habecker in *Memorial* 34, S. 49 charakterisiert (siehe unten). Der obige Satz wurde von JW bewußt formuliert, da alle Briefe von GW und JW durch die Zensur von Habecker gingen. JW: »Man konnte nie frei schreiben.«

Und nun saß ich vor ihm in einem erstaunlich normal eingerichteten Bürozimmer des Reichssicherheitshauptamtes. Ich war hereingeführt worden, hatte mich auf einen Stuhl gesetzt und beobachtete ihn, wie er sehr langsam und fast genießerisch einen Bleistift haarscharf anspitzte. Es dauerte lange. Sehr lange. Und es war totenstill im Zimmer, in dem wir saßen, ich ein Gefangener und er ein Gestapokommissar. Er hieß Habecker, und ich fand diesen Namen als den eines Folterers später im Buch Schlabrendorfs und in einem Zeitungsbericht über die Marterung eines Engländers in Dachau. Er war klein und breit gebaut mit einem primitiven grauen Glatzkopf und einer Hitlerfliege unter der schweißigen Nase, ein Gesicht, wie man es als typisches Verbrechergesicht gezeichnet findet. Die graue, unreine Farbe des Gesichts, durch das zwei schmutzfarbene Scharfschützenaugen mich zuweilen unheilverkündend anblickten, lag auch über der brutalen Härte der breiten Kiefer. Er schnitt eine Zigarette in zwei Hälften, entzündete eine, ordnete Papiere und Bleistifte pedantisch, nahm einen Akt zur Hand und war bereit. Das Schachspiel sollte erneut beginnen.

Es begann mit der breiten, gemütlichen Frage des Verbrechers: »Sagen Sie mal, was haben Sie eigentlich für Bekannte?«

Das Spiel war eröffnet. Die Partie an diesem Tage endete unentschieden.

Aus: *Memorial* 34, S. 49

Ich wurde gefragt, ob eines Nachts, als mich Harro anrief, am Telefon der Ausdruck »kleben« gefallen war. Ich war tatsächlich am Telefon gewesen, und Harro hatte mich gefragt, ob ich in jener Nacht mit zum Kleben käme. (Es war eine Nacht, in der rund sechzig Illegale Tausende von Flugblättern in Berlin anklebten, gedeckt von Offizieren mit gezogenen Revolvern.) Ich hatte das Telefongespräch zugegeben, jedoch bestritten, daß der Ausdruck »kleben« gefallen war.

Wie erstaunt war ich, als mir der Kommissar die Aussage meiner Frau vorlas. Sie behauptete, daß nur sie am Telefon gewesen sei und das Gespräch geführt habe. Ich sei gar nicht im Zimmer gewesen. Dies sagte sie, um mich zu schützen und um sich selber zu belasten. Mir wurde es warm, und ich schwieg beglückt eine Zeitlang, ehe ich die Dinge richtigstellen konnte. Es drehte sich bei diesem Telefongespräch um die Frage der Mitwisserschaft, und das bedeutete Zuchthaus. Sie war also entschlossen gewesen, an meiner Stelle ins Zuchthaus zu gehen. Tapfere Frau! Sie litt entsetzlich unter der Haft, aber sie wollte die Last auf ihre schmalen Schultern nehmen.

Als ich in die Zelle zurückkehrte, lachte ich vor Dankbarkeit und schickte ihr einen Gruß durch die Gestapomauern zum Alexanderplatz, wo sie mit den andern Frauen gefangen lag.

Aus: *Memorial* 36, S. 50 f.

Joy Weisenborn an Günther Weisenborn
Alexanderplatz, 10. Oktober 1942

Mein Pitt!
Heute ist Sonnabend, und die Glocken läuten, und eine große Sehnsucht ist in meinem Herzen. Deinen lieben Brief[1] habe ich bekommen, und Deine Ratschläge werden befolgt. Beim Arzt war ich, er hat mir Tabletten gegeben. Heute am Spätnachmittag kamen endlich die Sachen vom Vater, worauf ich seit Donnerstag sehnlichst gewartet habe, hauptsächlich wegen warmer Socken und Pyjama, es ist jetzt nämlich empfindlich kalt hier, weil es draußen so feucht-kalt ist. Ich finde, Vater könnte ruhig ein bißchen besser für uns sorgen, ich hatte mich so auf ein Butterbrot gefreut, und zu lesen hatte ich auch nichts mehr. Ein Buch ist so schnell gelesen.

Weißt Du, wenn Sonnabend/Sonntag vorüber sind, dann geht es wieder besser. Aber gerade diese Tage sind so voll schöner Erinnerungen.

Unser Sonntagmorgen, mein Pittchen raucht behaglich seine Pfeife, und ich hantiere oder lese, und im Radio das Schatzkästlein[2]! Ach, mein Junge, ich bete zu Gott, daß es der letzte Sonntag sein möge, den wir in diesen Zellen verbringen müssen.

Dein Brief war so lieb, mein Junge, sie müssen sich gekreuzt haben. Er war mir so ein Trost.

Wir werden dann wieder arbeiten zusammen, o Pitt, meine Sehnsucht!

Dieses Wetter bedrückt auch sehr.

Als die Sachen gar nicht kamen, da hatte ich mir die dumme Hoffnung gemacht, daß wir eventuell heute nach 14 Tagen rauskämen und Herr H. vielleicht zu Vater gesagt hätte, es lohnt sich nicht mehr. Aber man soll sich keinen Hoffnungen hingeben, ich will tapfer sein und abwarten, bis das erlösende Wort gesprochen ist.

Mein Pitt, jetzt wird es wirklich Herbst, und in einem halben Monat ist schon November, dann sind es nur noch acht Wochen bis Weihnachten. Weißt Du noch im vorigen Jahr? Wie wir glücklich wie Kinder unsern ersten Weihnachtsbaum schmückten? Und dann die Bescherung!

Und denkst Du auch an den 15. Oktober (Donnerstag)? Vor drei Jahren lernten wir uns da kennen![3] Sollten wir noch in unsern Zellen sein, so wollen wir beide mit tiefem Dank im Herzen an diesen Tag zurückdenken, ja? O mein Junge, schlaf nun recht gut, ich werd's auch tun, ich küsse Dich auf Deine lieben Augen. Gute Nacht!

Dein kleines Joyken

1 Bezieht sich vermutlich auf den Brief von GW an JW vom 8. 10. 1942. Ein früherer Brief ist nicht erhalten.

2 Musiksendung des Berliner Rundfunks an jedem Sonntagvormittag.

3 1939 lernte Margarete Schnabel, wie JW mit Mädchennamen hieß, GW im Hause von Harro und Libertas Schulze-Boysen kennen, wo JW damals wohnte. Libertas Schulze-Boysen und JW hatten sich 1935 auf einer Englandreise kennengelernt. 1938 trafen sich beide durch Zufall in einem Berliner Reisebüro wieder, wo JW inzwischen arbeitete. Bald darauf zog JW zu

Schulze-Boysens. Daß sie damit mitten in einen Widerstandskreis gegen Hitler geriet, wußte JW zunächst nicht. JW: »Ich war vorher nicht politisch. Das bin ich erst durch Libertas geworden. Sie hat mich mal abends in der Küche gefragt, wie das so bei mir wäre, man müsse doch was gegen Hitler tun, und das hat mir eingeleuchtet.« Durch ihre Heirat mit GW zog JW in die Bayreuther Str. 10, in GWs Atelier. JW: »Mein Mann hat mich eigentlich geschützt. Wenn ich dort wohnen geblieben wäre, lebte ich nicht mehr.«

Joy Weisenborn an Günther Weisenborn
Alexanderplatz, 13. Oktober 1942

Mein Liebster, mein allerliebster Pitt!
Nun ist schon wieder eine Woche vergangen, seit wir uns sehen durften. Wie mag es Dir gehen, mein Junge? Hoffentlich gut? Mir geht es gut, Du brauchst Dir keine Sorgen zu machen. Dein Brief [1] war so lieb, und ich befolge artig Deine Ratschläge, mache Freiübungen. Beim Arzt war ich auch, er hat mir Tabletten verschrieben, morgen geh ich noch mal hin. Und ich habe so große Sehnsucht nach Dir! Ob die Zeit der Erlösung noch nicht bald da ist? Wenn bloß der Vater laufend für Bücher sorgen würde, aber er denkt gar nicht daran, er schickt mir Bücher, die mich so gar nicht interessieren, aber da hilft nun mal nichts, es muß eben jeder so was mal mitgemacht haben, um diese Menschen zu verstehen. Ach, Junge, ich hoffe so, daß es bald alles gut ist!

… 14. Oktober 1942

Mein Pitt!
Heute ist Mittwoch, und noch immer ist weder etwas von Erika noch von Vater gekommen. Ich bin sehr traurig. Und morgen ist der Tag, an dem wir uns vor drei Jahren kennenlernten. Weißt Du noch?

Es ist gut, daß der heutige Tag vorbei ist, er war nicht schön. Ich küsse Dich innig, mein Junge, ob wir uns bald sehen werden? Ich sehne mich nach Liebe, Blumen, Musik und Wärme und nach was Richtigem zu essen. Ich will tapfer sein, wenn es auch sehr schwer ist.

Dein liebebedürftiges Joyken

1 GW an JW, 8. 10. 1942

Joy Weisenborn an Günther Weisenborn
Alexanderplatz, 22. Oktober 1942

Mein geliebtester Pitt!
Immer noch warte ich sehnsüchtig auf einen Brief von Dir! Bist Du gesund? Oh, laß mich nicht länger warten! Bist Du noch genauso guten Mutes wie vor 14 Tagen[1]? Schreib mir ganz genau! Von mir kann ich Dir sagen, daß ich ruhig und tapfer bin, nachdem ich eine Woche ziemlich krank war, ich hatte Angina, und die ist immer ziemlich schmerzhaft, aber jetzt bin ich ganz feste auf dem Wege der Besserung und ruhiger wie je zuvor, seitdem ich gestern vom Vater einen Koffer mit Sachen bekommen habe. Nun warte ich nur noch auf einen beruhigenden Brief von Dir, dann ist alles gut.

Mein Geliebter, wie oft hab ich Deinen Namen gerufen, hast Du es nicht gehört? Schreib mir wenigstens einmal in der Woche, ich mache mir sonst die dollsten Gedanken. Mach Dir wegen mir also keine Sorgen. Die Oberwachtmeisterinnen und Hausmädchen[2] haben mich lieb behandelt, sonst wäre ja alles viel schlimmer gewesen.

Wenn Vater und Erika von außen etwas sorgen, werde ich auch mein Gewicht zurückbekommen. Ich lege einen Brief für Vater bei, schicke Du ihn ab, Du hast sicher auch etwas zu schreiben. Wir können nicht anders, als geduldig warten, warten, eines Tages, wenn wir gar nicht dran denken, dann gehen die Tore für uns auf. Sei bitte tapfer und guten Mutes, ja? Unsere Liebe muß uns beide stark machen, wir haben noch viel vor im Leben, viel Schönes!

Ich freue mich schon wie irrsinnig auf ein Wiedersehn mit Dir! Schreib mir nur, daß es Dir gut geht, bitte! Hast Du genug zu lesen? Vater scheint Frau Lausberg[3] da zu haben, wegen der herrlichen Kartoffelpuffer, die Du doch sicher auch bekommen hast. Was macht Dein Magen? Der soll sich nur ja ruhig verhalten!

Es kann ja nicht mehr lange dauern, darum wollen wir ganz stark sein, nicht?

Dein Dich immer liebendes Joyken

1 Wohl die Begegnung am 7. 10. 1942 gemeint.
2 Waren meistens Berliner Prostituierte.
3 Vgl. S. 35

Günther Weisenborn an Joy Weisenborn
Spandau, 27. Oktober 1942

Mein innig geliebtes Joyken, seit Tagen freu ich mich, daß ich Dir heut endlich schreiben darf. Deine Briefe bis zum 14. hab ich am 23. erhalten und mich unbändig darüber gefreut. Einer ist stets auf dem Tisch und strahlt mich an. *Bitte, schreib viel!!*

Mir geht es gut, wenn das Leben hier in Spandau auch hart ist. Ich klebe Tüten[1], aber draußen ist ein herrlicher Oktober. Der ist auch da, wo Du bist, denk ich immer. Mittags sag ich: guten Hunger, mein Joyken; abends schlaf schön, min Deern, und dann nick ich Dir zu. Ich hab Dich so unheimlich lieb. Was soll aus uns bloß noch werden? Es ist so wunderbar für mich, daß ein Mensch wie Du überhaupt möglich ist. Du bist mein Trost in diesem traurigen Haus hier und immer bei mir. Ich laufe soviel wie im Leben nie: immer fünf Schritt den ganzen Tag und erzähl Dir alles Mögliche, von Obergurgl[2], von Zettemin[3], von Sorenbohms Dünen[4]. Und wenn es mir schlimm wird, erzähl ich Dir rasch was Schönes. Und summ unser Wolkenlied[5]. Dann geht es besser.

Was sagt der Arzt? Geht es Dir gut? Bist Du bei ihm in Behandlung? Was tust Du den ganzen Tag? Sei nicht traurig, mein Liebstes, es muß seinen Gang gehen. Ich bin sicher, wir werden bald wieder frei sein. Hab Mut! Dann gehn die Tage rascher vorbei. Sei tapfer, weine nicht und mach das Beste aus Deiner Lage. Ich würde Dich so schrecklich gern einmal sehn! Kannst Du nicht mal anfragen, da ich nur einmal schreiben darf die Woche? – Heut ist ein Glückstag, eben kommt ein Paket! *Ich habe acht Butterbrote gegessen und sechs Kekse!* Und mich schrecklich gefreut! Es war zwar zum größten Teil verschimmelt, aber es schmeckte trotzdem. Ach, wenn wir zusammen essen könnten! Na warte, das kommt auch wieder.

Inhalt reicht für
6 Eimer Wasser
Profin
der Schmutzlöser
holt über Nacht
den Schmutz aus der Wäsche
Kleinverkaufspreis RM —,18
Inhalt 100 Gramm
Profin
weicht die Wäsche, löst den Schmutz schon beim Einweichen, macht hartes Wasser weich und greift kein Gewebe an!
Profin übertrifft die üblichen Einweichmittel.
Profin enthält außer altbewährten Mitteln zum Einweichen und Aufquellen des Wäscheschmutzes besondere biologische Wirkstoffe. Diese Wirkstoffe lösen und entfernen auch wasserunlösliche Verschmutzungen, wie Fett, Stärke- und Eiweißstoffe, welche die übrigen Schmutzstoffe in der Wäsche festhalten.
Profin holt den Schmutz schon beim Einweichen selbsttätig ohne Bürsten und Reiben aus der Wäsche heraus und ist für die Fasern völlig unschädlich.
Gebrauchsanweisung.
1. Man nimmt das Wasser am besten handwarm, also nicht zu kalt und nicht zu warm, da Profin sich sonst nicht voll entfalten kann.
2. Unter Umrühren streut man in das Wasser für den Eimer einen Eßlöffel voll = ca. 15—20 g Profin (der Inhalt dieser Packung reicht für 6 Eimer). Profin macht hartes Wasser weich. Andere Zusätze sind unnötig und stören nur.
3. Man legt die Wäsche locker in das Wasser und läßt sie einige Stunden — zweckmäßig über Nacht — stehen. Um sie möglichst lange warm zu halten, deckt man sie gut zu und stellt sie möglichst in einen warmen Raum.
4. Nach dieser Behandlung nimmt man die Wäsche heraus und spült bei starkem Schmutz mit frischem Wasser nach. Die Wäsche wird wie üblich weiterbehandelt. Da Profin die Wäsche schon gereinigt hat, braucht man weniger Waschmittel. Kochwäsche wird nur kurz gekocht, oft genügt bloßes Erhitzen. Auch hierzu kann hartes Wasser durch einen Eßlöffel voll = ca. 15—20 g Profin für den Eimer weich gemacht werden.
Bitte beachten!
Profin nimmt man auch für Buntwäsche, Wolle, Seide und alle Feinwäsche. Buntwäsche vorher auf Farbechtheit prüfen und getrennt einweichen. Wolle, Seide und andere Feinwäsche nur kurz, etwa 1 Stunde, einweichen.
SEIFEN- UND SODAINDUSTRIE G.M.B.H.
STARGARD (POMMERN)
556.29.4.42

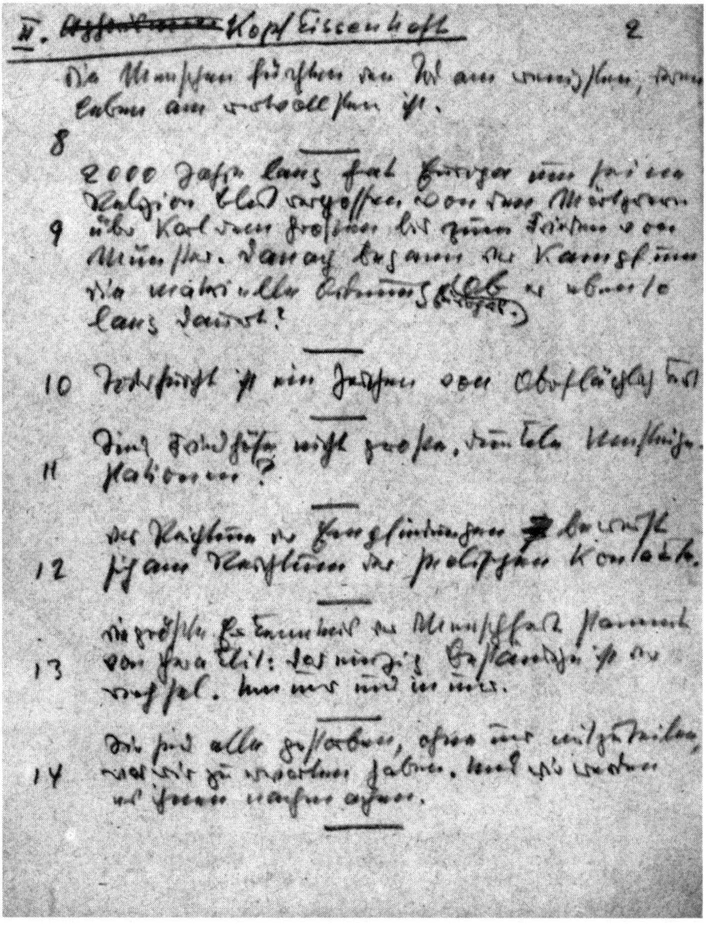

II. ~~[illegible]~~ Kopf Eisenhaft 2

Die Menschen fürchten den Tod am wenigsten, deren Leben am wertvollsten ist.

8

2000 Jahre lang hat Europa um seine
Religion Blut vergossen, von den Märtyrern
9 über Karl den Grossen bis zum Frieden von
Münster. Darauf begann der Kampf um
die materielle Lebensgrundlage. Ob er ebenso
lang dauert?

10 Todesfurcht ist ein Zeichen von Oberflächlichkeit

Sind Todesfälle nicht grosse, dunkle Umsteige-
11 stationen?

Der Reichtum der Empfindungen bemisst
12 sich am Reichtum der persönlichen Kontakte.

Die grösste Erkenntnis der Menschheit stammt
13 von Heraklit: Das einzig Beständige ist der
Wechsel. Immer und immer.

Die sind alle gestorben, ohne uns mitzuteilen,
14 was wir zu erwarten haben. Und wir werden
es ihnen nachtun.

Du weißt, irgendwo im Westen sitz ich und seh jetzt in den blau-goldenen Oktoberabend und bin neben Dir und sag Dir ganz leise ins Ohr: »Mut, mein Joyken, ich hab Dich so lieb wie nie ...« Und wenn trübe Stunden kommen, sag ich Dir dasselbe. Pfleg Dich, turn tägl. zwei Stunden, komm mir so hübsch wieder, wie Du weggegangen bist, und schreib mir, ich bin so ausgehungert nach langsamer Musik, leisen, lieben Stimmen, nach Deiner lieben Hand und nach Schönheit und Reinheit. Ach, wenn man erst wieder heiß baden kann! Laß man, min Deern, kommt allens, nicht? Weine nicht, sei ganz tapfer, putz Dir das Tränchen ab, so, Kopf hoch!

Ich bin und bleib immer Dein Pitt

Schrift entschuldige, Mistfederhalter!
Meine Anschrift: GW Gestapo, Prinz-Albrecht-Str. 8 ! IV A 2 !

1 Auf der Rückseite der Seifentüten notierte GW mit einem Bleistiftstummel, später mit Tinte Aphorismen. Auszüge aus dem sog. *Kopfkissenheft* (vgl. Abb. S. 45 in: *Ulenspiegel. Literatur. Kunst. Satire.* Hg. v. Herbert Sandberg u. Günther Weisenborn. Jg. 1 (1945/46), H. 6, S. 2; H. 8, S. 2; H. 14, S. 5; H. 22, S. 4; Jg. 2 (1947), H. 11, S. 5. – Vgl. auch *Memorial* 68, S. 82 f. (siehe S. 47 f.)

2 Skiort in Österreich, wohin GW und JW im Winter 1940 ihre erste gemeinsame Skireise unternahmen.

3 Schloß bei Stavenhagen in Mecklenburg, wo JW 1937/38 als Lehrerin bei den Kindern des Grafen von Schwerin arbeitete. JW: »Das war eine ruhige und sehr schöne Zeit. Getan haben wir nicht viel. Die Kinder waren auch nicht viel jünger als ich. Später (1941) machten wir unsere Hochzeitsreise dorthin.«

4 Ort bei Köslin in Hinterpommern, wo GW und JW ihre letzten Ferien vor der Verhaftung verlebt haben. Vgl. S. 57, Anm. 5

5 Das *Wolkenlied* entstand um 1940/41.

Wolkenlied

Für Joy

Eine Wolke zieht vorüber ...
Eine andre hinterher.
Wenn die dritte Wolke ankommt,
siehst du die erste längst nicht mehr.

Auch ein Schmerz, der geht vorüber
und ein andrer hinterher.
Wenn der dritte Schmerz zu dir kommt …
Spürst du den ersten längst nicht mehr,
nein, du spürst ihn längst nicht mehr.

Auch ein Mann, der geht vorüber
und ein andrer hinterher.
Wenn der Dritte mich allein läßt,
lieb ich den ersten längst nicht mehr.
Auch ein Mädchen geht vorüber
und ein andres hinterher,
wenn das dritte Mädchen eintritt,
liebst du die erste längst nicht mehr,
nein, du liebst sie längst nicht mehr.

Darum Freunde, seid nicht traurig,
was auch sei, es geht vorbei.
Einer weint, der andere lacht jetzt,
jeder stirbt, das ist nicht neu.
Aber im Vorübergehen, eh man wieder weiter muß,
schenk den Liebenden ein Lächeln
und dem, der lächelt, einen Gruß.

Eines Morgens knallte es vor der Tür. Nach der Freistunde fanden wir die Ursache. Es war ein schwerer Packen graues Tütenpapier, den der Kalfaktor vor jede Tür geworfen hatte. Wir mußten Tüten kleben. Ich lernte hier, was ich später im Zuchthaus gebrauchen konnte. Man saß in der ungeheizten Zelle, hungrig, entnervt in Schmutz und Wanzen, und klebte Tüten, bestrich sie mit widerlichem Leim, falzte und wendete, um sein Pensum zu erfüllen, den ganzen Tag. Zuweilen hörte man an den Heizröhren leise Klopftöne und erkannte am Anrufzeichen, daß die Nachricht einem Nachbar galt. Aber man hörte mit.

»Hallo, Franz, G. hat Todesurteil!«

»Werner ist heute zur Vernehmung zur Gestapo.«

»Morgen bei Freistunde Buch.«

»Wer hat heute Termin?«

Man war umgeben von leisen Klopfzeichen an der Wand oder an der Heizröhre, während der Flur draußen totenstill war. Nur manchmal hörte man weit weg jemand die Eisentreppe heruntergehen, oder irgendwo entfernt fiel mit rasselndem Klapp eine Fahne. Abends um sieben, wenn man auf der Pritsche im Dunkeln lag, begann das eigentliche Klopfen. Kaum war ein Klopfgespräch fertig, dumpf und nah, begann ganz eilig, fein und fern ein anderes, dem schwer und stockend ein drittes folgte. Es war geklopftes Schicksal, Leben und Not in der Heizröhre, meist klopfte der Tod.

Aus: *Memorial* 68, S. 82 f.

Es war die Zeit, als mir Bücher, Papier und Bleistift abgenommen worden waren. Ich hatte nichts als Tüten in der Zelle. Es war die schwerste Zeit. Aber da ich glaubte, daß mein Leben nur noch Wochen dauern werde, so befand ich mich in einer stoisch-kühlen Entrücktheit aller grauen Schikane gegenüber. Ich hatte zwei Tröstungen.

Vor der Zelle stand ein Baum, es war eine Birke in einem überirdisch schönen Oktober. Ich sah einige Äste hoch oben durch das Zellenfenster gegen einen traumvollen Caprihimmel, ich sah das goldene Filigran des Geästes im milden Oktoberlicht Spandaus. Ich sah jedes Blatt fallen. Ich kannte jedes Blatt. Es handelte sich um die unberührbare, unbelangbare Natur acht Meter von mir entfernt. Was wollt ihr, auch ich war Natur, ein Teil Natur. Ich sah die schöne Auflösung, und sie versöhnte mich ein wenig mit der Auflösung überhaupt.

Die andere Tröstung war das Schachspiel. Ich hatte aus Stückchen zerrissenen Tütenpapiers eine Art Schachspiel verfertigt, und G. (der später hingerichtet wurde) in der Nebenzelle spielte mit mir Schach, indem wir unsere Züge durch die Wand klopften: »Ziehe Dame von b3 nach c4.« – Nach einigen Minuten kam die Antwort zurück durch die Wand: »Rochade.« Das alles ängstlich, leise, gehetzt, damit niemand uns beobachte.

Aus: *Memorial* 56, S. 70 f.

Joy Weisenborn an Günther Weisenborn
Alexanderplatz, 1. November 1942

Hallo! Hallo! Ist dort Spandau? Hier ist Alexanderplatz! Ja, ich höre Deine liebe Stimme, mein Pitt!! Ob es mir gut geht? Natürlich! Joyken hält durch, das wäre doch gelacht! Oh, ich habe mich ja so gefreut, als ich gestern nach dreieinhalb Wochen[1] endlich von Dir hörte, und Dein Brief war so wunderbar tröstend. Ich weiß ja, die Sache muß ihren Gang nehmen, aber ich hoffe doch tief innen, daß bald der Tag der Freiheit kommen wird. Mein liebster Junge, sei nur nie traurig, und die Tüten klebe ich alle mit Dir zusammen, und die fünf Schritte hin und zurück mache ich in Deinen Arm eingehängt mit Dir zusammen. Eine noch so große Trennung kann ja unsere innere Verbundenheit niemals stören. Wir werden uns auch bald sehen, das hält mich hoch, und jeden Abend streiche ich einen Tag durch, der mich näher zu Dir bringt.

Du fragst, was ich so den ganzen Tag mache, ja, ich gehe auch sehr spazieren in meinem Käfig, immer hin und zurück, bis ich schwindelig werde, dann lese ich, und zwar habe ich fünf Bände Kleist hier, der mich sehr interessiert, und Goethe. Dann spiele ich ein oder zwei Partien Schach. Weißt Du, diese Zeit, so hart sie auch ist, sie führt einen Menschen zu seinem tiefsten Innern, und das ist gut, man lernt sich selbst erst richtig kennen.

Wenn wir wieder frei sein werden, ist es Spätherbst, vielleicht schon Winter und wieder bald Weihnachten, wie schnell so ein Jahr vorbei ist.

Erika sorgt rührend für uns, sie hatte für Dich ein Weißbrot und einen Kuchen und für mich auch, dann schickte sie noch Butterbrote und was nicht noch alles, ich bin ihr so dankbar, und wenn wir sie sehen, müssen wir ihr beide sehr danken. Auch Vater und Frau Lausberg sorgen rührend, es ist so ein Trost, wenn man weiß, draußen denken sie an uns.

Mutter[2] kommt bald nach Berlin. Sie hält es in Wuppertal nicht aus, sie grübelt zu sehr. Es ist zu dumm, daß sie es überhaupt erfahren hat. Benita[3] hat sich mit einem Grafen Dohna verlobt. Sie schreibt so glücklich, und wir sind zur Hochzeit Anfang des Jahres auf Schloß Zettemin eingeladen. Das wird sicher eine großartige Sache werden.

Mein *so sehr geliebter Pitt*, heute ist Sonntag, und zum sechsten Male höre ich die Glocken vom Alexanderplatz läuten, hoffentlich läuten sie bald für uns wieder von der Gedächtniskirche mit vollem Klang über unser Atelier hinweg.

Übrigens bin ich seit vier Tagen in einer warmen Zelle, weil ich mich in der anderen Zelle, die nach Norden lag, gar nicht von der Angina erholen konnte. Jetzt kommt morgens die Sonne hier herein und bringt mir direkt Grüße aus Spandau, von Dir, mein Liebster, und ich lache sie an, denn wenn ich weine, so huschen die Strahlen weg und erzählen es Dir, das darf nicht sein! Versprich mir, Pittchen, daß Du auch ganz frohgemut bist, dann bin ich es auch, und bald werden wir uns sehen, ach, wird das schön! ...

Na, was ist denn mit dem Telefon?! Hallo! Hallo! Man hat uns unterbrochen! Hallo! Hallo! Hallo! Fräulein vom Amt! Was? Die drei Minuten sind vorbei? Oh, mein Pittchen, und Dein

Joyken wollte Dir noch soviel Schönes sagen ...

1 Trotz der falschen Zeitangabe muß JW den Brief von GW an JW vom 27. 10. 1942 meinen.
2 Marie Schnabel (»Micky«), die Mutter von JW, wohnte in Wuppertal.
3 Tochter des Grafen Schwerin, eins der Kinder, denen JW auf Schloß Zettemin Unterricht erteilt hatte. Nach ihrer Freilassung verbrachte JW Ende April 1943 einige Tage bei ihr auf dem Schloß der Grafen zu Dohna in Schlesien.

Günther Weisenborn an Joy Weisenborn
Spandau, 7. November 1942
In der Abenddämmerung in der Zelle. Stille.

Guter Gott, hab ich mich eben gefreut, als Dein Brief[1] ankam!! Und er war so zart und tapfer und hell und rein, und plötzlich warst Du ganz hier, Du, ich hab Dich lieb wie nie.

So, danach mußte ich mal erst eine Meile laufen, und jetzt ist es Sonntagmorgen, *ich hab von Dir geträumt und daß wir bald frei sind!* Ich glaube fest daran und bin ganz mutig, mein Joyken. Sei Du auch tapfer, ja? Weine nicht, quäl Dich nicht, schon Deine Nerven, ja? Wir brauchen sie noch für viele schöne Tage. Du hast recht, eine solche Zeit der Einsamkeit und Besinnung reinigt einem das Herz und den Kopf. Sie ist eine Prüfung, aber tief im Innern wird man bereichert, und Prüfungen wollen bestanden sein. Da ich nachts nicht viel Schlaf brauch, sitz ich im Dunkeln viel in meinem Bett und fantasier mir Romane und Dramen zusammen. Manchmal tast ich dann nach Deinem letzten Brief, der auf dem Stuhl liegt. Dann raschelt er leise in der Stille und ich flüster: Schlaf schön … Leider hab ich keine Tinte. Mit Fantasie belebt sich die Nacht und die Zelle, sie ist eine Lebensretterin. Mit Freuden hab ich gesehn, daß Du gesund bist, aber die Angina hat mir doch einen hübschen Schrecken eingejagt, halt Dich warm und pfleg Dich bitte, ja? Und immer langsam aufstehn, damit Du nicht wieder umkippst. Daß gut für Dich gesorgt wird, freut mich sehr, auch ich habe zwei Pakete bekommen. Das war aber auch nötig! Jetzt geht es. Laß Dir Kakaomehl u. Zucker schicken. Du schreibst, wir sehn uns bald? Hoffentlich, hoffentlich!!! Ich bin so *verdammt* ausgehungert nach einem freundlichen Wort, nach Zärtlichkeit, nach einem Händedruck, nach Liebe, also nach Dir! Kannst Du nicht öfters schreiben? Ich trag immer Deinen Sweater, den Du in Frankreich gestrickt hast. Er ist weich und warm … Ich habe eine so nachdenkliche und erschütterte Zeit hinter mir, daß ich als ein anderer Mensch hier herauskommen werde, für den es nur seine Dichtung und seine Liebe gibt. Hab eine schöne ruhige, tapfere Woche, mein liebstes Joyken mit starkem, reinem Herzen. Es wird sicher nicht mehr lang dauern. Ich bin ruhig und hoffnungsvoll und bin von früh bis spät bei Dir!

Dein Pitt

1 JW an GW, 1. 11. 1942

… In dem dämmrigen Riesenflur, der vier Etagen hoch ist, stehen vor ihren Zellen bewegungslos und bleich wir Schutzhaftgefangenen der Gestapo, die diesen ganzen Flügel des Strafgefängnisses Spandau für unseren Prozeß beschlagnahmt hat, da die Prinz-Albrecht-Straße überfüllt ist. Hier stehen wir noch in unseren bürgerlichen

Anzügen, noch in unseren Wintermänteln, wartend auf das Urteil, in jeder Etage dreißig bis vierzig Männer, Offiziere, Gelehrte, Künstler, Jugendliche mit der Flamme im Blick, schweigsam, Objekte des Strafvollzugs. Zwischen uns eilen wachsam wie Spürhunde die kleinen Beamten hin und her, brüllend, mißtrauisch, eifernd. Denn diese Minuten vor dem Ausmarsch sind die große Zeit des Kassibers. Kleine Zettel mit Botschaften, zusammengerollt, fliegen hin und her, werden mit den Füßen dem Empfänger zugestoßen, der sich bückt, als ob er seine Schuh richte, und den Kassiber dabei aufhebt …

Aus: *Memorial* 74, S. 92 (gekürzt)

Mein letzter Kassiber war geplatzt. Einer der rabiatesten Wachtmeister, ein junger brutaler Moselaner, hatte ihn unterwegs abgefangen und gelesen. Er trat mit dem Papier in meine Zelle ein. Es war Sonntagmorgen, sah ich an seiner Uniform, und er roch ein wenig nach Schnaps. Ich sah sofort, daß er mich provozieren wollte. Er wußte, daß mir ungeheuer viel daran liegen mußte, daß dieser Kassiber nicht ans Gericht kam. Bisher kannten nur zwei diesen Kassiber, er und ich. Und wir waren beide allein in meiner Zelle. Er war nicht groß, schmal, aber aggressiv, gerissen und etwas betrunken. Seine Pistolentasche war nicht aufgeschnallt. Der Kassiber lag offen auf dem Zellentisch, er stand an der offenen Tür, ich unter dem Fenster, wie es die Vorschrift erfordert, »in strammer Haltung, die Hände an der Hosennaht«. Ich hatte gemeldet, wie es die Vorschrift erfordert, und nun betrachteten wir einander haßerfüllt.

»Haben Sie das geschrieben?«

»Ja.«

»Sehen Sie sich das mal an.«

Der furchtbarste Moment meines Gefangenendaseins war gekommen. Ich trat zum Tisch, aber dann ließ ich die Hände nach einem schnellen Blick auf den lauernden Wachtmeister sinken, der gespannt an der Tür stand. Wenn ich den Zettel schnell in den Mund stecke und verschlucke, so ist er aus der Welt. Es wird einen Tumult geben. Er wird mich niederschlagen, vielleicht schießen. Aber der Zettel ist weg! Der Mann hat jedoch bestimmt den Zettel gelesen, er wird später als Zeuge fungieren. Also ist es sinnlos, den Zettel zu vernichten. Und wenn ich dem Mann an die Gurgel gehe?

Ich stehe wie erstarrt in dieser Versuchung, die mich böse blendet. Ich spanne die Muskeln, ich bin physisch nicht allzu schwach gebaut, meine Nerven versagen. Plötzlich erwache ich aus dieser gefährlichsten Sekunde. Ich weiß, daß ich noch nicht frei bin, selbst wenn ich diesen Mann bewältige. Drei Gittertüren noch trennen mich von der Freiheit. Außerdem würde der Tumult die anderen Wachtmeister rufen. Auf der Flucht erschossen? Jetzt fällt mir auf, daß ich zittere.

»Was gaffen Sie mich so an?«

Er weiß genau, was ich denke. Er hat den rechten Arm in die Seite gestemmt, wo sein Revolver sitzt. Hier zwischen uns beiden Männern sprüht der blanke Haß hin und her. Wir stehn uns gegenüber wie zwei Raubtiere. Und dann kommt das Entsetzliche. Mit schmal zusammengekniffenen Augen kommandiert er ganz leise und hoch im Ton: »Die Knie beugt!«

Ich taumle vor rasender Wut. Er sagt ganz leise durch die Zähne: »Na, wird's bald … wird's bald? … Wollen Sie den Befehl verweigern?«

Aha. Darauf will er hinaus. Nun erst recht.

Und ich beuge die Knie und strecke die Arme waagerecht aus. Er nimmt das Papier vom Tisch und geht hinaus. Zweimal dreht sich der Schlüssel, dann knallt der Riegel. Seine Schritte entfernen sich im totenstillen Flur. Heulend vor Wut falle ich auf meinen Schemel.

Aus: *Memorial* 46, S. 59 ff.

Günther Weisenborn an Joy Weisenborn
Spandau, 14. November 1942

Mein Joyken,
es ist Samstagmittag, kalt in der Zelle, halbdunkel, aber vor mir steht Dein Sizilienbild[1] und lacht mich so jugendfrisch an, daß mir trotzdem warm ist. Ich habe heute unheimliche Sehnsucht nach Dir und dachte sehr an unsere Düne und an »Heimweh nach Virginia«[2]. Ich bin wirklich immer bei Dir, und wenn ich denke, so denke ich mich stets als »Uns«. Das älteste deutsche Lied aus dem 9. Jahrhundert geht mir nicht aus dem Kopf:

»Kume, kum, Geselle mîn
ich entbiete Harte dîn:
(ich entbiete dir mein Herz)
Suezer, rosenvarwer mund,
kum unde mâche mich gezunt ...«[3]

Kannst Du es verstehn? Es ist so lieblich und leise und innig und die Melodie so schön, daß man es nicht mehr aus dem Kopf kriegt. Ich summ es hier in Spandau immer vor mich hin, wenn ich melancholisch bin. Schade, daß unser letztes Wiedersehen[4] so kurz und zerrissen war. Aber ich hab mich doch gefreut zu sehn, daß Du etwas Farbe im Gesicht hattest und glänzende, schöne Augen, deren Herzenswärme ich so sehr liebe. Und was denkst Du, was das bedeutet, seine Frau anfassen und fühlen zu können, die warme, trockene, kleine Hand und das kleine, heiße und bißchen tränenfeuchte Gesicht und das Rabenhaar ... ach, das hat mal gut getan. Aber es war nur ein Husch oder ein Moment, und schon waren wir wieder allein. Du warst so traurig, daß mir die Beine ordentlich schwach wurden. Aber tröste Dich, Liebes, ich habe Herrn Habecker gebeten, uns die nächsten Tage noch einmal zusammen zu bringen. *Er sagte, daß er es vielleicht tut*, uns zwei allein!! Was doch das Schönste ist, und seit der Zeit beb ich immer vor Hoffnung, wenn jemand den Flur entlang kommt, daß er aufschließt und sagt: »Los, zur Gestapo!« Aber sei nicht traurig, mein Mädchen, vielleicht sehn wir uns bald richtig ruhig in die Augen, ich warte schmerzlich auf diesen Moment. Ich wollte Dir soviel Schönes sagen, was ich mir in fünf Wochen aufgespart hatte. Ich sags Dir dann, aber ich glaub, Du weißt es schon, daß ich Dich ganz hundsgemein schrecklich und ganz rasend lieb hab!!! Und was den frohen Mut angeht, nach dem Du fragst: na klar, hab ich Mut. Froh wäre übertrieben, aber heiter, das bin ich. Nur Deinetwegen, Du hältst mich tapfer. Ich bin gefaßt und ganz ruhig und zwinker Dir von Zeit zu Zeit vergnügt rüber nach dem Alexanderplatz. Ich lese Lessing, herrlich! Und Goethe, schön! Klebe täglich 250 Tüten und laufe etwa vier Stunden am Tag = 20 km, macht in sechs Wochen rund 900 km, bin ich seit meiner Verhaftung gelaufen. Um sechs steh ich auf, kaue trocken Brot, um sechs abends leg ich mich hin. Und nachts denk ich oft, ich lieg in unserer Kemenate und taste noch mal nach Dir wie sooft, um Dir über das Haar zu streicheln. Das geht natürlich gegen die Gefängniswand. »Ach so«, knurr ich dann. Na, da kannst du nichts machen. Aber sie da hinten, gar nicht weit – mit dem Auto eine halbe Stunde, hat es sicher gefühlt im Einschlafen, und sie stört sich nicht an Mauern, ich auch nicht. Das wäre ja gelacht. Entfernung ist bitter, aber wirklich lebendige Liebe überwindet alles, nicht nur so eine lumpige Strecke von hier bis zum Alex. Ich kann Dir ja fast ins Fenster sehn, so nah sind wir uns, weil wir uns liebhaben. Und

Barning[5] wollen wir uns auf jeden Fall halten! Da wollen wir später, wenn alles vorbei und Frieden ist, hausen, fahren täglich mit dem Rad zum Strand, Du hast Sonne und See so nötig, mein Joyken, und leben da fern von der Welt und haben Kinder, kleine struwelige Joykens und Pitts. Die machen Radau und schmieren Schuhwichse an die Haustür. Wir bauen Barning schön aus, setzen viel Bäume und richten die Zimmer schön ein. Mach doch mal ein paar Skizzen und leg sie das nächste Mal bei. Wie soll das Atelier eingerichtet sein? Und Dein Zimmer oben? Vater macht das alles nicht schlecht. Ich hoffe, wir können Barning halten, und ich hoffe fest, mein Kleines, wir werden nicht verurteilt werden. Ich glaube es nicht bei Dir, und ich glaub es auch nicht bei mir. Aber was auch geschieht, wir sind tapfer, nicht? Wir weinen nicht, Liebste, und grämen uns nicht! Wir hoffen, nicht wahr? Wir hoffen ganz fest, nicht wahr?

Anbei ein Brief an Fritz[6]. Bitte schreib dazu, was Du ihm noch mitteilen willst. Überleg Dir auch sonst Dinge in ähnlicher Richtung. Und schick den Brief *sofort* wieder an Herrn Habecker ab, damit das alles rasch erledigt wird. An die Gestapo darfst Du sicher schreiben, auch wenn Du in dieser Woche schon an mich geschrieben hast. *Und sei tapfer, mein Joyken, vielleicht sehn wir uns bald!!*

Einen ganz kleinen, lieben Kuß von Deinem

Pitt

Wenn es drinnen traurig ist, draußen ist es auch traurig, grau und trüb.

1 Die in den Briefen erwähnten Fotos wurden von GWs Vater in den Paketen, zwischen Eß-Sachen versteckt, mitgeschickt. Sie sind fast alle erhalten geblieben und werden hier als authentische Dokumente einer inneren Beziehungsgeschichte mitveröffentlicht, in denen sich Privatheit unmittelbar mit dem historischen Moment einer bestimmten Zeit mischt.

2 *Carry Me Back to Old Virginee* …, Negrospiritual, Lieblingsplatte der Weisenborns.

3 Namenloses Stück. Der genaue Text heißt: *Chume, chume, geselle mîn, / ich enbîte harte dîn! / ich enbîte, harte dîn, / chum, chum, geselle mîn. / Suozer roservarwer munt, / chum unde mache mich gesunt! / chum unde mache mich gesunt, / suozer roservarwer munt!*

4 Muß zwischen dem 8. 11. und 13. 11. 1942 stattgefunden haben, ca. fünf Wochen nach der ersten Begegnung am 7. 10. 1942.

5 Im Spätsommer 1942 haben die Weisenborns in Barning bei Sorenbohm (Hinterpommern) ein Bauernhaus angekauft. (JW: »Günther Weisenborn war eigentlich ein Dichter und ein Bauer. Er brauchte Erde, ein Stück Land.«) Dieses »Barning« wurde in der Haftzeit besonders für GW zum Symbol der Hoffnung auf einen gemeinsamen Neubeginn, »wenn alles vorbei ist …«.

6 Fritz Kuhn, der Schwager von JW, der sich wie GWs Vater um juristische Hilfe kümmerte.

Im Zimmer des Kommissars, in das du hereingeführt wirst, elend, unrasiert und frostgeschüttelt, heißt man dich an der Heizung Platz zu nehmen. Es sitzen vier Männer in Zivil dir gegenüber. Einer davon, der kleine breitschultrige Glatzkopf mit dem grauen Gesicht und der Hitlerfliege unter der Nase, ist dein Kommissar.

Sie sehen dich alle an, und du wartest mit jenem lähmenden Gefühl von Spannung, Feigheit und Trotz. Und du sagst dir im stillen wieder einmal deinen Spruch vor: Nichts zugeben – nicht sofort antworten – Vorsicht! – Es ist drückend heiß im Raum. Die Heizung an deiner Seite verbrennt dir fast den Wintermantel. Du atmest ganz leise und rasch und wartest, von welcher Seite diesmal der Schuß kommt …

Jetzt beugt sich der Kommissar vor und sagt beiläufig mit dem Unterton gekränkter Unschuld: »Sagen Sie uns, wo der Braun sich aufhält, dann lassen wir sofort Ihre Frau frei …« Deine Frau sitzt am Alexanderplatz. Du würdest alles tun, um sie in Freiheit zu setzen, bis auf dieses. Der Kommissar kennt jeden unserer Briefe. Er weiß, daß wir uns für den andern opfern würden. Darauf gründet er seinen Plan. Sie starren dich alle vier an. Dir ist übel vor Hitze und Aufregung, du bist ein armseliges, entnervtes Opfer bösester Gestapohaft. Kannst du sie irreleiten? Nein, denn sie würden sie erst freilassen, wenn sie Paul Braun gefangen hätten. Eine Irreführung scheidet aus. Also erklärst du mit blauem Augenaufschlag: »Sie wissen, daß ich für meine Frau alles tun würde, aber ich weiß leider nicht, wo sich Paul Braun aufhält.«

Was kommt jetzt? Wird er wütend? Geht es wieder los? Es sind vier Männer im Zimmer! Nichts davon.

Einer führt dich auf den Flur, wo er mit dir eine Viertelstunde wartet. Sie besprechen sich im Zimmer. Dann ruft es heraus: »Bring ihn runter, Philipp!« Du wirst in den Warteraum im Keller geführt, der dich fast heimatlich anmutet, und später wieder im Auto nach Spandau gebracht.

Aus: *Memorial* 70, S. 84 f. (gekürzt)

Joy Weisenborn an Günther Weisenborn
Alexanderplatz, 15. November 1942

Schon wieder ist Sonntag, mein geliebter Junge, und ich darf Dir wieder ein Brieflein schreiben, leider darf ich auch nur einmal die Woche schreiben[1], sonst würde ich es bestimmt jeden Tag tun. Mein Pitt, wie schrecklich traurig war ich, daß Du am Mittwoch erst so spät kommen konntest, es war so kurz, und wir hatten uns so lange nicht gesehn, und dann kam Vater immer dazwischen mit Papieren, und ich weiß nicht was noch, wo jede Sekunde so kostbar war. Aber ich habe wenigstens gesehn, daß Du gesund bist, und das war mir das Wichtigste. Mir geht es gut, ich hoffe nur, daß wir bald aus unseren Zellen erlöst werden. Mein Herzensjunge, dann wollen wir es uns gemütlich machen in unserem Heim, und wenn Du erst wieder an Deinem Schreibtisch sitzt und kleine Rauchwolken um Dich herumziehn und Du wieder frei arbeiten kannst … ach, das wird wunderbar sein, und ich komme dann ganz leise zu Dir, streiche Dir übers Haar … ich störe Dich nicht … ich geh gleich wieder an meine Arbeit … und Du wirst alle die Entwürfe, die Du in Deiner Zelle gemacht hast, ausarbeiten: Dramen vielleicht, auch ein paar neue Lieder für Joyken[2]?? Ach, wenn ich meine gute Zieh hier hätte, dann würde ich viele Lieder machen, aber bei mir kommen die Worte erst aus der Musik, während bei Dir zuerst die Worte kommen und dann die Musik. Nach diesen harten Monaten hat das Leben für uns eine ganz andere Bedeutung, *viel, viel* kostbarer ist es geworden.

Es wäre doch zu schön, wenn in Sorenbohm alles klappte, und wenn dann der Krieg einst vorbei ist, dann ziehen wir ganz dort hinaus, und dann kannst Du Dich ganz Deiner geliebten Arbeit widmen, denn Du mußt noch viel, viel schreiben, viel Schönes, und dazu möchte ich Dir helfen, wenn ich auch nicht viel tun kann, ich will nur für Dich da sein.

Wenn wir bloß erst hier raus sind, mein Liebster! Aber ich will ganz tapfer sein, und Du bist es ja auch, das hab ich gesehn, was auch die Zukunft bringt. Einmal geht ja alles vorüber, und wir beide können nicht darüber klagen, daß das Leben uns wenig Interessantes geschenkt hat, darum wollen wir auch dunkle Tage mit Würde tragen. Die Hauptsache ist, daß nicht jeder für sich alleine lebt, sondern daß wir wirklich eins sind, und eine Trennung bringt uns nur noch näher zusammen.

Ich schlafe immer genau acht Stunden. Um halb vier werde ich wach, und dann denke ich an Dich besonders stark. Vor kurzem träumte ich so lebhaft, und plötzlich kugelte ich aus dem Bett, es war sehr komisch. Hast Du am Mittwoch auch ordentlich zu Essen bekommen? Weil alles so überstürzt war, habe ich gar nicht drauf geachtet. Am 25. November hat Mütterchen Geburtstag, und dann kann ich Dir leider nicht schreiben, aber dann sehn wir uns ja bald, nicht, mein liebster Pitt?

Nun schlafe schön, mein Junge, »es wird ja bestimmt wieder gut«[3], sag ich mir immer, und wir wollen voneinander träumen, ach, wie oft hab ich das getan, und wenn ich dann plötzlich wach wurde, warst Du nicht mehr da, dann war Joyken traurig. Aber nun auf Wiedersehen, mein Pitt,

Dein Dich so sehr liebendes Joyken

1 Zu Beginn der Haftzeit war es GW und JW erlaubt, jeweils einen Brief pro Woche zu schreiben, später zeitweise überhaupt nicht oder nur alle 3–4 Wochen. Das Lebenszeichen galt selbstverständlich jedesmal dem Partner. Nur bei besonderen Anlässen, z. B. bei dem in diesem Brief erwähnten Geburtstag der Mutter, schreiben beide nach »draußen«. Wie aus späteren Briefen hervorgeht, stieß dieser geringe Briefkontakt nach »draußen« auf Unverständnis. Schreiberlaubnis gab es nur an bestimmten Tagen, bei JW z. B. häufig am Sonntag. Als Briefpapier durfte privates Papier benutzt werden, mehr als eine Seite, vorn und hinten, war jedoch nicht erlaubt. Von JWs Briefen sind manchmal – wie z. B. von diesem – zwei Originale vorhanden, wobei sich nur noch aufgrund äußerer Merkmale (gefaltet, mehr beschädigt etc.) mit Vorbehalt feststellen läßt, welcher Brief abgeschickt wurde. Als Grund nennt JW: »Ich habe

meistens vorher geübt, damit ich wußte, was und wieviel ich schreiben konnte und durfte.« Daß unter solchen Bedingungen beim Schreiben jede Spontaneität verlorenging, ist unnötig zu sagen. Beliebtes Strafmittel bei »Verstößen« war das Schreibverbot, was oft eine noch größere Strafe für den anderen bedeutete. Während der gemeinsamen Haftzeit haben GW und JW Kassiber nur mit Zellennachbarn getauscht, nicht untereinander. Erst nach ihrer Entlassung im April 1943 erhielt JW Kassiber.

2 Diese Frage war vermutlich der »Auslöser« für *Joykens Gefängnislieder* (siehe S. 80–86).

3 Zitat aus dem Refrain von *Ich hab auch einen Soldaten*, einem Lied, das GW für die Tournee von JW 1940 (vgl. GW an JW, 18. 11. 1942) geschrieben hat. Der Refrain lautet: *Laßt uns lächeln, / auch wenn uns traurig zumut … / Laßt uns nicht klagen und nicht verzagen, / es wird ja bestimmt wieder gut …*

Günther Weisenborn an Joy Weisenborn
Spandau, 18. November 1942

Mein so sehr geliebtes Joyken,
endlich ist heut wieder Schreibtag, ich hab mich schon seit Tagen darauf gefreut, Dir wieder sagen zu können, daß ich Dich lieb hab. Dein Bild vom Bahnsteig in Zettemin steht vor mir und lacht mich während der langen, kalten grauen Tage an. Wenn es mir schrecklich zu Mut ist, nehm ich es in die Hand und betrachte es und nicke vor mich hin und knurre: »Hast recht, min Deern, Kopf hoch!« Und dann geit dat wieder. – Und wenn es Dir schlimm zu Mute ist, mein Mädchen, *so bin ich immer bei Dir in der Zelle*, ganz leise und unsichtbar, streichle Dir Dein Haar, kühle Dir Deine heiße Stirn und … halt Dir das Taschentuch hin, und dann sag ich Dir: »So, mein Joyken, nun stehn wir wieder ganz fest in den Pantinen, nicht?« Und wer nickt dann, zuerst noch zaghaft, aber nach einer Weile schon lächelnd? Unser Joyken, die eine Hälfte Weisenborn! Und wenn sie auch allein in ihrer Zelle steht oder liegt, und die Zelle ist häßlich und alles – so weiß Joyken doch, daß ich bei ihr bin, in Gedanken und mit dem Herzen. Das ist das Wichtigste. Und wenn Du Dich so ganz gottverlassen und elend und schäbig fühlst und allein … stimmt nicht, nö, *Pitt ist da!*

Pitt ist eisern da, wo Du bist. Er sagt: So, so, so … und liest ein Buch mit Dir und spielt die schwarze Seite beim Schach … und verliert immer öfter. Und löffelst Du Deinen Napf leer, so löffelt er seinen auch leer, mal Kohlrüben, mal Kohl, und lächelt Dir zu. Und dann vergißt er auch nicht, mit Dir Gymnastik zu treiben. (Bitte! Zweimal eine halbe Std. täglich!) Und um sechs, wenn es ins Bett geht, gibt er Dir einen langen, lieben Kuß, denn er ist ja Dein Mann und Dein Geliebter! In tiefstem Ernst, mein Mädchen, *fühl Dich nie allein! Ich bin immer bei Dir!* Und wir beide sind stark und haben noch so viel vor im Leben! Schöne Bücher schreiben, die ich Dir in Tirol diktiere[1]. Reisen! Ach, das kommt alles wieder. Wir müssen nur abwarten und auch widerwärtige Zeiten überstehen lernen, und Trennung und Trübsal. Desto schöner ist dann später alles!

Ich hab seit dem 1.11. (seit dem Telefonbrief!) noch keinen Brief von Dir erhalten, das war Dein letzter. Bitte, schreib doch, und wenn es nur einige Zeilen sind! Hast Du die Briefe betr. Deiner Wehrmachtsreisen[2] gelesen und abgeschickt? War noch was dazu zu schreiben? *Sie sind eilig*, damit sie noch zum Prozeß zurecht kommen. – Wir hatten Sonntag Baden[3] unter heißer Brause, ach, war das schön! Nach zwei Monaten! D.h. ich wasch mich immer kalt in der Zelle – soweit Wasser da. Weißt Du noch, unsere herrlichen Sonntagmorgen? Einer baute ein grandioses Frühstück zusammen, mit Bratkartoffeln, Kaffee usw., einer machte ein herrliches Bad. Und dazu im »Schatzkästlein« Beethoven. Und alles war sauber und festlich und schön. Und dann smokte »der Alte« seine Piep, und wir spielten Schach, weißt Du noch?... Beruhige Dich, kommt alles wieder, mein Mädchen, mein kleines, tapferes. Weißt Du noch, wie wir in der alten Weinstube[4] in Innsbruck, wo Mozart auch gewohnt hatte, herrlichen Falerner und herrliche Bücklinge bekommen haben? Weißt Du noch, wie wir in Köln Weihnachtseinkäufe machten und in der »Ewigen Lampe« aßen und herrlichen Burgunder tranken? Wir haben soviel Schönes zusammen erlebt, jetzt wollen wir auch *das Widrige mit Anstand und tapfer tragen*, dann, nur dann haben wir auch das Recht, wieder Schönes zu erleben. Ich bin ganz ruhig und gelassen, sei Du es auch! Das ist meine Bitte jeden Tag. Wir wollen doch jeden Tag nach sechs Uhr[5], nach dem Abendessen, eine kleine Feier für uns zwei einrichten, ja? Dann denken wir ganz fest an den andern, fünf Min. lang, ja? Kleine *Ehe*feier für uns! Wir nehmen unsere Briefe und haben uns lieb, ganz toll, ja? Lesen die Briefe und geben uns einen Kuß in die Luft …

So, mein Liebstes, jetzt laß es Dir gut gehn, pfleg Dich, treibe Gymnastik, bewege Dich. Du hattest ein so schönes, starkes Gesicht mit so glänzenden Augen. Und komisch, fast einen mütterlichen Ausdruck hattest Du darin. Ich seh Dich so gern an und hab nur einen Herzenswunsch, Dich recht bald wiederzusehn, und wenn es nur fünf Minuten sind und auf zehn m Entfernung. So, mein Joyken, schöne, mutige Tage!

Ich bin und bleibe Dein Pitt

Wenn Du jetzt aufhörst zu lesen, über der Schulter seh ich Dir unsichtbar zu und geb Dir einen Kuß auf Dein Haar … so … mach die Augen zu …

1 Auf der Reise nach Obergurgl (Winter 1940) diktierte GW JW das Drehbuch zum Film *Junge Herzen*.
2 1940 beschlossen GW, JW, Libertas Schulze-Boysen u. a., gemeinsam auf Tournee an die Front zu gehen, um dabei »die Stimmung unter den Soldaten zu erkunden«. Durch verschiedene Umstände fuhr JW schließlich ohne GW und Libertas Schulze-Boysen. Sie unternahm Reisen nach Frankreich (1940) und Sizilien, wobei sie auch Lieder von GW zur Ziehharmonika sang. JW: »Ich habe da mit den Soldaten gesprochen. Das war ja meine Aufgabe: Einfach mit denen zu reden, wie sinnlos der Krieg war.«
3 Vgl. *Memorial* 64, S. 80 (siehe S. 64 f.)
4 Bezieht sich wieder auf die erste gemeinsame Reise (Winter 1940).
5 Sog. »Brückenzeit«, die hier zum erstenmal verabredet wurde und in der beide fortan besonders intensiv aneinander dachten. Vgl. das Lied *Unsere Brücke*, das GW am 25. 3. 1943 an JW geschickt hat.

Unsere Brücke

Auf der Brücke geht keiner hin und her
und pfeift ein Lied im Abendwind,
kein Fink fliegt über sie dahin,
und es spielt auf ihr kein Kind.
    Über die Brücke geht nur der Wind,
    wenn wir beide dort nicht beieinander sind.

Unsichtbar ist die Brücke, und sie reicht
von deiner Zelle bis zu mir.
Wenn der Abend kommt, erhebt sie sich
ganz dicht vor meiner Zellentür.
Über die Brücke geht nur der Wind,
wenn wir beide dort nicht beieinander sind.

Und kommt unsre Stunde, stehen wir
tief atmend voreinander dann
auf der Brücke, die kein anderer sonst
mit nichts als Sehnsucht bauen kann.
Über die Brücke geht nur der Wind,
wenn wir beide dort nicht beieinander sind.

Jeden Abend schimmert silbern sie im Traum,
und wir lächeln leis einander an,
deine Stirne leuchtet bleich im Mondenlicht,
und wir gehn in unsre Zellen dann …
Über die Brücke geht nur der Wind,
wenn wir beide dort nicht beieinander sind.

Die hier zum Teil erstmals veröffentlichten *Lieder* von Günther Weisenborn aus der Haftzeit 1942–1943 spiegeln in ihrem einfachen Rhythmus und ihrer schlichten Wortwahl Entstehung und Absicht dieser Texte unmittelbar wider: Isoliert und allein, gefangen im Fünf-Schritte-vor-und-fünf-Schritte-zurück-Rhythmus der Zelle, oft ohne Schreibgerät, um die Zeilen zu notieren, haben sie für GW nicht den Anspruch des Kunstlieds, sondern wollen ausschließlich Trostlied sein. Wie die Briefe zeigen, erfüllten sie genau diesen Zweck: Einzelne Zeilen wurden zu stereotypen Kürzeln zwischen GW und JW, innige Gemeinsamkeitsmetaphern für ihre Gefühle. Gesungen zu eingängigen Melodien, bedeuteten die Lieder darüber hinaus für JWs Mitgefangenen am Alex und in Charlottenburg »emotionelle Hilfe« (Elfriede Paul, *Ein Sprechzimmer der Roten Kapelle*. Hg. von Wera Küchenmeister. Berlin 1981, S. 155. Siehe S. 168).

Einmal in den ganzen Spandauer Monaten ging es zum Baden in den Keller. Hier entstand durch die falschen Dispositionen eines ahnungslosen Wachtmeisters ein Durcheinander. Rund zwanzig nackte Männer drängten sich zusammen und benutzten die einmalige Gelegenheit zu kurzen Unterhaltungen im Flüsterton. Im dichten Wasserdampf der Brausen sah man die abgemagerten Körper zusammenstehen und hastig flüstern.

P. wurde gefragt, was er erwarte. Er – der später hingerichtet wurde – erwiderte: »Sie haben keine Beweise. Sie müssen mich freisprechen. Und dann komme ich ins Lager.« W., herrlich gebaut, teilte mit, daß wir vor ein Kriegsgericht kämen. Sein Arm war von vielen Narben und Nähten entstellt, da er bei einer Vernehmung, bei der man ihm eine Minute Bedenkzeit gegeben hatte, um zwei Namen zu nennen, das Fenster eingeschlagen hatte, weil er sich und den Kommissar Habecker in den Tod stürzen wollte. Es wurde das Klopfalphabet mitgeteilt, und Aussagen wurden vereinbart.

Durch die leis summenden Unterhaltungen beim Ausziehen und unter der Brause und durch das Rauschen der Brausen drang das Geschrei der aufgeregten Wachtmeister. Man sah wenig in dem Dampf, durch den einige matte Lampen schimmerten, und man hörte wenig. Aber es war ein Festtag für uns. Wir konnten sprechen. Ein wenig.

Aus: *Memorial* 64, S. 80

Günther Weisenborn an Joy Weisenborn
Spandau, 26. November 1942

Den ganzen Tag heut hab ich an Barning gedacht, wie wir das alles regeln und schaffen, damit wir auf eigenem Boden stehn und ein eigenes Haus haben, von dem aus man – beinah – die Ostsee rauschen hört. Ach, mein Joyken, stell Dir vor, da zu *leben*! Herrlich muß das sein! Wir zwei! Und Sommer! Und die See nebenan! Eines Tages wird es soweit sein! –

Dein lieber Brief[1] war wunderschön, sei weiter so tapfer, das macht mich auch stark! Hier ist es immer halbdunkel in der Zelle, ich friere und bin hungrig wie ein Wolf, aber ich denk an *uns*, und da geht alles besser. Einen Verteidiger[2] hab ich in Aussicht. Weihnachten wissen wir sicher schon, wie die Würfel gefallen sind. Vielleicht sitzen wir getrennt jeder in seiner Zelle und sind verzweifelt … nein, nicht verzweifelt, nie! Auch dann nicht, nicht wahr, mein Kleines? Oder wir sind frei, und daran glaub ich fest! Und *essen* uns satt! Und zu schenken werden *wir* nichts haben, aber wir werden dem Leben dann neugeschenkt. Stell Dir vor, zusammen Arm in Arm über eine Straße gehn! *Gehen!* Und sprechen! Und Musik! Und Wein! Und *arbeiten*! Und *immer zusammen* sein! Was ist das Leben schön, das man erwartet! Hier in der Zelle haben wir ja auch Zustände: viel zu wenig Raum und viel zuviel Zeit, alles verzerrt und schief. *Nur was für starke Herzen und für Liebende, die eine Trennung überdauern können.* Im Kopf hat man Sorgen, der Magen knurrt, die Beine sind kalt, aber das Herz glüht stark und leuchtend in dieser trüben Dämmerung hier drin. Und drüben am Alexanderplatz glüht ein anderes ebenso stark. Das ist mein Joyken, dem ich Schwimmen und Schach beigebracht hab und die mir das Wichtigste beigebracht hat: ruhiges Leben in der Häuslichkeit, also konzentrierte Arbeit und Fröhlichkeit, die mich umgekrempelt hat wie einen alten Frack. Weißt Du noch in Stettin im Preußenhof[3]? Und die rote Tasche auf der Landstraße bei Rossow[4]? Und wie wir Weihnachten mal in Wiesdorf waren? Und wie wir mal herrlich im Dschungel[5] getanzt haben? Und unsere hübschen Frühstücke am Kurfürstendamm? Wir haben wunderschöne Zeiten zusammen erlebt, obwohl die Zeit keineswegs wunderschön war.

Hoffentlich hast Du Dein Mütterchen auch von mir gegrüßt. Ich wünsch ihr soviel Gutes! Kann sie in Berlin nicht auch bei uns wohnen? Sie ist so lieb. Aber nach Barning muß sie im Sommer, nicht?

Ich freu mich schon sehr auf unser Wiedersehn am 2.12. Komisch, auch ich bin gegen vier, fünf Uhr früh wach und denk an Dich, regelmäßig. Und hör Deine Stimme zur Zieh, hör Lullaby[6] … und »Es wird ja bestimmt wieder gut!« Ich seh Dich immer noch, wie Du am Sonntag nachm. unserer Hochzeit[7] im langen schwarzen Samtkleid vor der Verwandtschaft zur Zieh gesungen hast: herrlich! Noch fünf Tage, dann sehn wir uns! Ach, mein Herzensjoyken, ich hoffe so sehr, daß wir uns bald jeden Tag sehn, daß man wieder weiß, daß man ein Mensch ist und ein Mann … und Dein Mann, der Dich liebt.

Pitt

Ich hab ein Fliegenpärchen in der Zelle. Die sind ganz zahm geworden.

1 JW an GW, 15. 11. 1942

2 Einen Verteidiger hat es nie gegeben, obwohl sich GWs Vater um eine reguläre Verteidigung bemüht hat. GW lernte seinen »Offizialverteidiger«, Dr. Kurt Valentin, erst ein paar Minuten vor der Verhandlung kennen (*Memorial* 78, S. 95. Siehe S. 98). Es stellte sich während der Verhandlung heraus, daß dieser ihn mit einem Musiker verwechselt hatte.

3 Auf der Rückfahrt von ihrer Hochzeitsreise trafen sich GW und JW 1941 hier mit dem Verleger Ernst Rowohlt. Da ihr Zug wegen eines Angriffs mehrere Stunden zu spät ankam, hatte Rowohlt bereits sämtliche Austern gegessen und reichlich Wein dazu getrunken, so daß diese Begegnung anders verlief als geplant.

4 Gut der Filmschauspielerin Camilla Horn

5 Tanzbar in Berlin

6 Schlaflied für Kinder

7 Am 25. 1. 1941 heirateten GW und JW. Das Hochzeitsfest fand in GWs Atelier statt, auch einige Freunde aus der Widerstandsgruppe waren dabei, u. a. Harro und Libertas Schulze-Boysen und Walter und Martha Husemann.

Wenn man seine Tage damit verbringt, gefesselt in einer absolut ungeheizten Kellerzelle ohne ein Buch, hungrig, fast im Dunkeln auf seinem Schemel zu sitzen, wird man fast verlegen darüber, wie weit es die Menschheit gebracht hat. Alles, was Welt war, ist mit raffinierter Peinlichkeit entfernt. Du siehst kaum etwas, denn nur durch eine winzige dicke Mattscheibe über der Tür leuchtet das Flurlicht, du hörst nichts als das tödliche Schweigen jener gefährlichen Keller, du bist schwach vor Hunger, fast besinnungslos von dem monatelangen Frieren, elend, schmutzig und allein. Und du analysierst mit dem Rest von Präzision, den dein Gehirn noch besitzt, daß dies eine wahrhaft tödliche Methode ist, sie liefert nach allem Elend den Zerfall der Persönlichkeit. Ganze Trakte stürzen lautlos ein. Diese Justiz ist vollkommen in ihrem komplexen Vernichtungswillen. Ihre drei Stadien sind: erstens die Zerstörung deiner Lebensumstände, zweitens die Auslöschung deiner Persönlichkeit und schließlich drittens die Vernichtung deines Körpers auf irgendeine möglichst billige Weise.

Aus: *Memorial* 62, S. 77 f.

Ich kam von einer Vernehmung und stieg im Keller aus dem Lift, nachdem der Kommissar die Gitter geöffnet hatte.

Auf den Lift wartete unten ein anderer Kommissar mit einem Gefangenen. Der Kommissar war klein und grau im Spitzmausgesicht mit trüben Augen.

Der Gefangene war H., unser Chef. Er stand hoch und schlank und mit sehr bleichem Gesicht. Es war kurz vor seiner Hinrichtung. Er trug den Kopf hoch, und sein Scheitel schimmerte blond unter der Lampe. In seinem Gesicht war eine Art eiserner Heiterkeit, die einen heiter machte. Er kniff mir ungesehen ein Auge zu, und ich blinzelte zurück. Er trug seinen blauen Sweater unter der Jacke, und seine Hände waren gefesselt. Hier stand er im Gestapokeller, jung, begabt, sauber, ein gefolterter Bote der zukünftigen Welt, er hatte jetzt alles hinter sich, Kampf und Qual. Es war sein Lebensabend hier im Keller, hier stand die Hoffnung der Deutschen, kühn, rein und jung. Am Tag vor Weihnachten hängten ihn Deutsche in Plötzensee.

Aus: *Memorial* 60, S. 73

Joy Weisenborn an Günther Weisenborn
Alexanderplatz, 3. Dezember 1942

Mein Herzensjunge! War das eine Aufregung gestern! Ich hatte mich so auf die Stunde gefreut! Die Uhr schlug halb zehn, und zu wissen, Ihr alle wart da und wartetet auf mich, das hat mich so nervös gemacht, und daß es beim letzten Mal mit Dir auch so ging. Man ist nach dieser Zeit doch nicht mehr so widerstandsfähig. Ich konnte kaum die Treppe runtergehen, so weich waren meine Knie. Wir müßten hier doch eigentlich auch eine Viertelstunde Spaziergang haben, aber das fällt hier alles aus. Und morgen ist der 70. Tag der Gefangenschaft. Das Vierteljahr hat bald ein Ende, und damit auch das Jahr 42. Also hoffen wir, bis dahin klarer zu sehen. Du warst so tröstend, mein Liebster, daß ich auch wieder ganz stark geworden bin, es war ja auch bei mir nur ein Moment der Schwäche. Und beim letzten Mal war ich zuerst da und hatte den Vorteil. Für ein paar Tage hat man am Hungertuche nicht zu nagen. Man wird ja so anspruchslos.

Ja, ein Telefon, das wär das Richtige! Du lerntest dann richtig telefonieren, jawoll, ob Er weiß, daß Er's nicht kann?? Dein Brief vom 14. November hat mir so viel Freude gemacht, vor allem die »Joykens« und »Pittchens«. Ich seh mich schon und Dich, wir werden nach nichts mehr gefragt, die Bande wächst uns über den Kopf! Gerade kommt ein Sonnenstrahl in meine Zelle, und ich gebe ihm meine liebsten Grüße mit für Dich. Ich bin gerührt über unsere Lieben, wie sie für uns sorgen, findest Du nicht auch? Ob Du auch tüchtig Brot hast? Das hilft einem doch mächtig, denn Hunger *und* Kälte, beides zusammen, ach nein, das ist zu hart. Hat Dir Vater gesagt, wie es mit unserem Häuschen steht? Ich bin so gespannt, aber ich glaube, er wird es schon schaffen. Der Wein, den er gebracht hat, machte mich ganz wehmütig, er erinnerte an die Schachstunden in unserem Nest. Ich wollte Dir noch soviel sagen, aber ich hatte für jeden ja nur ein paar Worte. Laß Dir das Knäckebrot gut schmecken, ich habe davon schon tüchtig gegessen. Erika hat davon gesprochen, daß Mütterchen Weihnachten herkommt. Ob wir Weihnachten zusammen feiern werden? Ich hoffe es so! Und daß der Prozeß bald stattfindet!

In dieser Zeit haben wir gelernt, was Geduld heißt, nie hätte ich geglaubt, daß ich so lange tatenlos sein könnte. Ja, gerade ich, die sonst jede Minute ausfüllte. Aber nun haben wir an uns selbst genug zu haben, und viel Zeit, ja leider, es ist zuviel Zeit. Heute nacht hatte ich Besuch, ich hatte solche Angst, es sei eine Wanze, aber heute morgen stellte ich fest, daß es nur ein kleiner, unschuldiger Käfer war. Hast Du eigentlich einen Bleistift, um Deine Arbeit zu machen? Und ob Du mal ein Lied fürs Joyken machst? Es wäre wunderbar. Ach, wir wollten soviel schöne Sachen im Winter machen. Wir wollten Dein Theaterstück bearbeiten, wir wollten ein Fest geben, wo wir tanzen konnten, ach ja, im Dschungel, das war schön! Dann wollten wir das Stück von Camilla[1] überarbeiten. Aber das kommt eben noch alles, wir haben ja noch viel Zeit. Das Leben bringt uns hoffentlich noch viel Schönes, und dann denkt man an das Traurige nicht mehr zurück, gell? *Du*, mein liebster Pitt!

Ach, Du schreibst, es ist immer halbdunkel bei Dir in der Zelle. Verdirb nur Deine Augen nicht ganz! Ich denke nur an Dich, Du bist *immer, immer bei mir.*

Dein kleines Joyken

1 Vgl. GW an JW, 8.10.1942

Nicht traurig sein, Pitterle, ich bin ja bei Dir, Dein

Günther Weisenborn an Joy Weisenborn
Spandau, 5. Dezember 1942
Sonnabendnachm. i. d. Dämmerung
satt, warm, und Dein Parfüm ist hier!

Mein Joyken,
Dein Tiroler Tüchlein, der kleine Zweig, Dein Zettel und Dein Bild liegen Tag und Nacht auf meinem Tisch als bunter festlicher Zellenaltar der Hoffnung. Und das riecht so gut nach Dir. Es ist herrlich!

Nur schade, daß ich nichts hier habe, was ich Dir schicken kann. Nur unbändig viel Liebe. Es war eine Erlösung, Dich wiederzusehn, mein armes, kleines Kind. Am liebsten hätte ich Dich einfach auf den Arm genommen und weggetragen. Aber ich glaub, es ist gar nicht nötig. Wenn Du mit einem *ruhigen, guten* Gefühl den Oberstkriegsgerichtsrat[1] verlassen hast, wie Du sagst, dann sei unbesorgt, denn er sieht ja alles von der schlimmsten Seite! Vielleicht haben wir schon recht bald einen Verteidiger, den wollen wir bitten, daß er für Dich die Entlassung beantragt. Kannst ja zum Prozeß immer da sein. Aber Du bist Weihnachten unter Menschen. *Wenn* es jedoch nicht geht, dann wollen wir uns beide *jetzt schon* daran gewöhnen, daß dieses Weihnachten von uns später nachgeholt wird, richtig mit Baum und so wie im letzten Jahr. Und wir wollen daran denken, daß heute Millionen ein trauriges Weihnachten haben. Wenn wir uns auch dieses Jahr keine Geschenke machen können, wir sind keine Ausnahme, und wir haben ein Geschenk füreinander, ein verschwenderisch reiches Geschenk: unsere Liebe, und das genügt. Aber für mich wäre das schönste Weihnachtsgeschenk, wenn Du frei wärst. Es wäre ein Segen für uns *beide!!* Ein großer Druck wäre von mir genommen, denn das Schlimmste für einen Mann ist, hilflos zusehn zu müssen, daß es seiner Frau nicht gut geht. Darum wollen wir alles versuchen, das Beste hoffen (und mit dem Schlechten rechnen). Und Du könntest wieder leben, reden und Dich pflegen.

Mir geht es gut, ich hab jetzt durch die Pakete zu essen, und ich dank Dir sehr für das Schachspiel! Aber gut geht es mir nur, wenn ich nicht Deinetwegen unruhig zu sein brauche. Und das brauch ich doch nicht,

nicht wahr? Weinst Du etwa wieder? Das Alleinsein ist schrecklich, ich weiß, noch schrecklicher für eine Frau und am schrecklichsten für ein sensibles, warmherziges Fräuken wie Dich. Aber Du bist *wirklich nur körperlich* allein! Ich unterhalt mich den ganzen Tag mit Dir, auch laut, frag Dich, wie es Dir schmeckt, was Du zu Barning meinst oder geh mit Dir am Arm durch meine Zelle und red den ganzen Tag mit Dir. Du mußt es hören, denn Du hast ja ein Ohr für leise Töne ... Du bist also *nicht* allein! Nie!

Als ich von unserm Wiedersehn zurückfuhr nach Sp.[2], empfand ich ganz stark, wie sehr, wie unwiderruflich wir miteinander verbunden sind. Ich war erschüttert und glücklich darüber und hab die letzten Tage viel über die *Endgültigkeit* unserer Beziehung nachgedacht. Früher habe ich ja nie daran geglaubt, bis wir uns begegneten. Ach, mein Herzensjoyken, Du hast immer eine menschliche und weibliche Größe bewiesen, daß ich Dir gegenüber überhaupt nicht mehr zum Hutaufsetzen komme. Ich und mein Herz müssen den Hut doch vor Dir gleich wieder abnehmen. Du bist meine Frau bis zum Tode, mehr weiß ich nicht. Und daß ich das ganz ernst meine, das weißt Du auch ganz genau, nicht? Nach der Innerlichkeit und Reinheit Deiner Liebe gibt es für mich keine Steigerung mehr. Ja, ich hab mich früher viel herumgetrieben, aber dann war auch Schluß, und unsere Heirat war Deine und meine Lebenswende. Und ich fühle es jeden Tag mehr, daß bei uns beiden alles stimmt. Darum bin ich glücklich, mein Mädchen. Was kann da schon geschehen!! »Laßt uns lächeln ...«[3]

Du bist mir in den dreieinhalb Jahren noch nicht eine Minute langweilig gewesen. Jeden Tag ist unsere Beziehung frisch, und Du bist immer interessant wie tausend verschiedene Frauen in einer Haut: Dame, Kamerad, Kind, Geliebte ... Du bist unerschöpflich. Und sonntags morgens bist Du so lieb und feierlich. Dann kann man in Dir spazierengehn wie in einem stillen, hellen Maiwald mit silbern glatten Buchenstämmen. Du hattest so helle goldbraune Augen, als Du jetzt zur Tür hereinkamst, und warst ganz blaß vor Aufregung.

Meine kleine dunkelhaarige Lebensfrau, ich hab Dich heute schon wieder lieber als gestern, und da dachte ich schon, mehr ist nicht möglich. So geht es mir jeden Tag! Es ist ein ganz starkes, feierliches Gefühl, ein endgültiges!

Wenn Du gestern um unser düsterrotes Gefängnis hier geschwebt wärst, so um die Dämmerung, so hättest Du an einem vergitterten Fensterchen im Hochparterre stundenlang ein Gesicht sehn können, das Richtung Alex in die Wolken sah. (Ich steh dann auf der Stuhllehne!) Ich stellte mir vor, ich könnte bei Dir in die Zelle sehn ... Und wenn Du jetzt den Brief hier gelesen hast, sieh mal verstohlen zum Fenster rauf und sieh genau hin: Ich lach durchs Gitter in Deine Zelle hinein und nick Dir zu. Und abends in unserer Viertelstunde geb ich Dir einen sanften, kleinen Kuß in den Nacken, kraule Dich und streichle Dir Dein Haar. Und *wenn Du mal grad keinen Mut hast, ich hab ihn für Dich mit!*

Ich bin doch Dein Pitt

1 Dr. Manfred Roeder. Der Prozeß gegen die Mitglieder der Widerstandsgruppe Schulze-Boysen-Harnack wurde nicht dem Volksgerichtshof, sondern dem Reichskriegsgericht in Charlottenburg übertragen, da Harro Schulze-Boysen als Oberleutnant diesem Gericht unterstand. Anklagevertreter war Roeder, der alle Angeklagten in seinem Büro in der Gestapozentrale hintereinander hat vorführen lassen.

2 Spandau

3 Refrain aus dem Lied *Ich hab auch einen Soldaten ...* Vgl. JW an GW, 15.11.1942

Wenn in Spandau abends der Einschluß vorüber, also nur der schwache Nachtdienst im Gefängnis anwesend war, zog Ruhe in die Flure ein. Es wurde totenstill mit der Dunkelheit, wenn das Licht in den Zellen ausgelöscht war. Und dann begann irgendwo in einer der gegenüberliegenden Zellen ein Mann zu pfeifen, ein junger, blonder Student, der gern lachte und jetzt seit Jahren in Plötzensee verscharrt liegt. Er pfiff leise und sehr musikalisch.

Er pfiff: »Und der Haifisch, der hat Zähne ...«, er pfiff: »Vorwärts und nicht vergessen, worin unsre Stärke besteht ...«, er pfiff: »Wie kommt es, daß die Frauen ...« und alle diese zarten Melodien, die sich sehr leicht und rein durch die finstere Unheimlichkeit der Spandauer Flure schwangen. Manchmal fiel ein zweiter ein, ein dritter, ja manchmal war es ein leiser polyphoner Chor mit zarten Oberstimmen, kontrapunktisch verziert, und war die Melodie zu Ende, begann weit weg eine neue: »Es geht alles vorüber, es geht alles vorbei, im März geht der Hitler, im Mai die Partei …« Das vage Hoffnungslied aller Gefangenen. Hier, in schöner, ergreifender Musikalität, mit dem einzigen Instrument, das sie noch hatten, dem eigenen Mund, schickten die Männer, die kurz darauf miteinander starben, ihre Sehnsüchte als Melodien zum Himmel.

Aber wenn die Schritte der Wache nahten, schwiegen sie nacheinander. Und das unheilvolle Schweigen trat ein. Nach dem kameradschaftlichen Zusammenklang in einer gemeinsamen schmerzlichen Musik fiel jeder in seine Vereinzelung zurück, ein wenig getröstet jedoch.

Aus: *Memorial* 66, S. 81 f.

Joy Weisenborn an Günther Weisenborn
Alexanderplatz, 10. Dezember 1942

Mein geliebter Junge!
Heute scheint seit langer Zeit mal wieder die Sonne. Ob sie uns trösten will? An der Wand zeigt sich dann das vergitterte Fenster und sagt mir immer: Ja. Joyken, nun bist Du immer noch gefangen wie ein kleiner Vogel und kannst nicht raus! Das macht mein Herz so traurig, es dauert aber auch gar zu lange alles, und meine Sehnsucht nach Dir ist so riesengroß, oh, mein Pitt! Manchmal kommt es so über mich, gerade in dieser Adventszeit, wo alle Welt sich auf Weihnachten freut und sich nicht genug tun kann an Laufereien in die Läden, ob nicht hier noch was für den geliebten Menschen ist, oder in jenem Laden? Und ich muß so sehr an unser letztes und erstes Weihnachtsfest denken, es war so schön! Aber es kann ja alles nichts nützen, man muß eben immer wieder tapfer sein. Wie geht es Dir, mein Herzensjunge? Hast Du auch genug warme Sachen? Du mußt Dich unbedingt warm halten! Hier ist es auch lausig kalt, die Heizung wird jeden Tag mal fünf Minuten lauwarm, und davon zehrt man dann den ganzen Tag, ich habe immer meinen Pelzmantel an, und drunter auch noch warme Sachen, sonst könnte ich es gar nicht aushalten. Erkältet bin ich Gott sei Dank nicht. Ach, jetzt mal nur eine Stunde auf unserer guten Couch liegen können und Deine liebe Hand auf meinem Haar fühlen, und dann ganz zarte Musik! Und Du sprichst

ganz, ganz leise liebe Worte zu mir, und der Ofen knistert gemütlich in der Ecke. Weißt Du noch, wie er mich im vorigen Jahr vergiften wollte? Es hätte nicht viel gefehlt, aber nun wird er das nicht wiedertun, denn er hat ja ganz neue Rohre bekommen. Von Mütterchen soll ich Dich lieb grüßen, sie denkt nur an uns, ich glaube, sie leidet sehr darunter.

Weißt Du was, wir streichen das Jahr 1942 aus unserem Kalender, damit haben wir dann sogar ein Jahr gewonnen, das heißt, wenn Du in Wirklichkeit 100 Jahre alt bist, sagen wir, Du seist erst 99, und ich bin anstatt 88 eine flotte *87erin*, und dann nehmen wir uns an die Hand und gehen den Schloßberg zum Güstrower Schloß[1] hinauf und geben uns dort ein Küßchen, wie wir es einst in unserer Jugendzeit getan haben, weißt Du noch? Und Du bist für mich dann noch genauso jung, wie Du es heute bist. Abends um sechs Uhr denke ich immer ganz besonders intensiv an Dich, dann liege ich schon auf meiner Pritsche, habe die Arme unter dem Kopf, und dann fühle ich Dich ganz nah bei mir, und dann höre ich Dich sagen: »Hm, hm«, das heißt, Licht aus, und ich will immer noch schnell eine Seite lesen, aber dann habe ich doch Mitleid mit meinem kleinen, müden Jungen, der die Augen kaum noch aufhalten kann, und die beiden Stall-Laternen erlöschen.

Ich lese jetzt Gottfried Keller: »Der grüne Heinrich«, und »Das Sinngedicht«. »Wanda« von G. Hauptmann hat mir gut gefallen.

Doch nun sei Du auch nicht traurig, es muß ja bald soweit sein. Hoffentlich sehen wir uns bald wieder und dann mehr in Ruhe. Bleib mir schön gesund, ich esse auch tüchtig, solchen Hunger wie hier habe ich in meinem ganzen Leben noch nicht gehabt, aber das kommt, weil man so gar kein Fleisch oder Fett bekommt.

Mein Pittchen, nimm Dein Joyken nun ganz fest in Deine Arme und schütze Du mich vor allem, was mich traurig macht, so … jetzt hör und seh ich nichts mehr, und ich höre Dein Herz nur für mich schlagen, so wie meins immer nur für Dich schlägt

Dein Joyken

Am Ende des Briefes Notizen von GW zu *Joykens Gefängnislieder*. Vermutlich Urfassung der beiden ersten Strophen von *Lied vom gefangenen Joyken* (vgl. S. 82).

1 Besuchten GW und JW auf ihrer Hochzeitsreise.

Joy Weisenborn an Günther Weisenborn
Alexanderplatz, 16. Dezember 1942

Mein Pitt!
Dein Brief vom 5.12. war wunderbar, so lieb und so gut, ich danke Dir so dafür, ich lese ihn immer und immer wieder. Wie geht es Dir? Bist Du gesund? Ich bins. Und nun ist es mir auch ganz klar, daß wir Weihnachten in diesem traurigen Haus verbringen müssen, und habe mich damit abgefunden, es hilft ja alles nichts. Du hast recht, es werden Millionen Menschen traurige Weihnachten haben, und an die will ich denken, das tröstet mich. Nur für meine Lieben tut es mir so leid, vor allem für mein Mütterchen. Aber in 14 Tagen ist ja die ganze Feierei vorbei, und dann hoffe ich zu Gott, daß wir bald an der Reihe sind beim Prozeß. Vater und Frau L. sind ja wohl nun in Opladen, er schrieb von einem Verteidiger. Manchmal denke ich, es ist alles nur ein böser Traum, aber er ist ein wenig lang. *Mein Herzensjunge*, Vater schickte mir einige Bildchen von Dir, eins aus Kitzbühl, wo Du bei Luis Trencker auf der Terrasse schreibst, und es ist so lieb, und ich denke an unsere erste Ski-Tour in Obergurgl, Du wolltest schon am ersten Tag die steilsten Hänge nehmen, und ich stapfte hinter Dir her, bis ich nicht mehr konnte und meine Skier einfach abschnallte, Du hast mich doll ausgelacht, weil ich plötzlich tief im Schnee versank. Solche Berge kannte ich ja nur vom Hörensagen. Und dann tranken wir im »Edelweiß« Rotwein und hatten argen Hunger. Weißt Du noch unser Zimmerchen? Es roch so herrlich nach Holz, ich habe den Duft noch heute in der Nase. Und weißt Du noch unsere Spaziergänge in Zettemin? Die Sonne prallte vom Himmel auf uns zwei. Wir gingen über einen Landweg, und ich fing an zu dichten, bis du wegliefst, ich könnte heute noch laut lachen, wenn ich dran denke, so entsetzlich war meine Dichtung! Ja, mein geliebter Pitt, wir haben schon manche schöne Stunde miteinander verlebt und werden hoffentlich noch viele erleben. Ich denke auch noch sooft an unser Atelier auf dem Kurfürstendamm[1], und dabei fällt mir eine kleine Szene ein: Du sprachst mal von einem »Hindulied« auf Grammophonplatte. Eines Tages ging ich auf Suche nach dieser Platte

und fand auch eine. Ich war glückselig, denn es gab damals kaum noch Platten. Ich kam dann zu Dir. Du lagst auf der Couch mit einem Buch, und ich war in meiner kleinen Kochnische beim Kartoffelschälen. Heimlich, still und leise legte ich die Platte auf, dann schlich ich mich wieder in meine Ecke und lauerte von dort aus zu Dir rüber, als die Platte zu spielen anfing. Kein Zeichen des Erkennens ging über Dein Gesicht … ganz ruhig lasest Du Dein Buch. Plötzlich sagtest Du: Na, wer weint denn mal wieder im Radio? Ich kam langsam aus meiner Ecke hervor, drehte den Apparat aus und erzählte Dir. Du hattest ein ganz anderes Hindulied gemeint … Wir haben dann sehr gelacht, weißt Du noch? Oder wenn ich Dich zu einem tollen Souper einlud mit vielen Gängen, wir waren dann so feierlich. Du brachtest mir Blumen mit, und ich freue mich immer so über jede Aufmerksamkeit von Dir! Du brauchst Dir aber keine Sorgen um mich zu machen, das versichere ich Dir, denn ich habe immer großen Hunger und fühle mich auch sonst ganz gesund, Gott sei Dank. Weinen tu ich auch nur ganz selten, weißt Du, manchmal ist man eben ganz stark, und dann kommt es plötzlich über einen, und dann schluchzt man ein paar Mal, das tut dann ganz gut, so wie das Wetter es ja auch macht, manchmal regnet es, und manchmal scheint die Sonne. Sei Du auch nicht traurig Weihnachten, nein? Was soll ich an diesen Tagen unter Menschen, wenn Du nicht bei mir bist, darum bin ich auf einer Seite froh, daß ich das Schicksal mit Dir teile. Ich sehne mich ja so sehr nach Deiner Liebe, nach Flüstern bei Kerzenschein, nach weicher Musik! Die Prüfung ist hart. Ich will geduldig sein, wenn es auch schwerfällt. Und nun ist dieses Blatt schon wieder voll, mein Herzensjunge, ich bin immer bei Dir, ja, meine Liebe ist meine einzige Weihnachtsgabe für Dich, und für mich bist Du es selbst und Deine Gesundheit.

J'attendrai toujours Dein einziges, kleines

Joyken

1 Kurfürstendamm 110, GWs Junggesellenwohnung

Günther Weisenborn an Joy Weisenborn
Spandau, [20. Dezember 1942]
Von jetzt ab werden die Tage wieder länger!

Mein Weihnachtsjoyken,
heut ist der letzte Adventssonntag und strahlend-warmes Sonnenwetter, kein richtiges Weihnachtswetter. Und es ist auch kein richtiges Weihnachten, aber ein bißchen werden wir es am 24. abends doch im Herzen haben, wenn wir um fünf Uhr feiern, nicht? Und wenn es uns auch nicht gut geht, so wollen wir doch eine große, innere Ruhe bewahren und kein Selbstmitleid haben, nicht wahr? Und wenn ich auch allein bin, ich bin glücklich, weil ich weiß: *Du* bist für mich der schönste Weihnachtsbaum, und aus Deinen festlichen Goldaugen leuchten viele herzenswarme Kerzen, daß es hell wird. Mein mit jeder Faser geliebtes Joyken, ich kann Dir nichts schenken als mein ganzes Herz bis zum Ende meines Lebens. Es tut mir so leid, daß ich Dir jetzt nicht einen Kuß geben kann, weil ich Dich so unheimlich lieb hab wie noch nie einen Menschen und nie wieder! Wenn Innigkeit zum Weihnachtsfest je gehört, hier beugt sie sich über dieses Papier, warm und atmend und sehnsuchtsvoll, und hier flüstert sie Deinen Namen leis vor sich hin. Mein Joyken, mein Fräuken, bei unserm Weihnachtsfahrplan bleibt es, nicht? Was auch geschehn mag, ich gehör zu Dir, unwiderruflich. Und unsre Liebe brennt mit tausend Kerzen in der Christnacht, und Dein reines, tapferes Herz ist nie allein, nie! Hab schöne, große, starke Gedanken Weihnachten und laß Dir Deine reine Feierlichkeit nicht stören durch häßliche Umwelt. Dazu ist Dein Herz viel zu stark, nicht? Und Du wirst ja sicher bald wieder in der Welt sein und mit Deiner klaren Stimme und hellen Stirn wieder singen können, ich glaub fest daran! Ich hab nur einen Wunsch, daß wir uns Weihnachten noch sehen. – Wir haben einen Verteidiger, wie Vater schreibt, Dr. von Saldern, Kurfürstenstr. Termin ist im Jan. Vom Kriegsgericht sind wir[1] aber noch nicht übernommen. Pfleg Dich gut und beweg Dich täglich viel, ja? – Ja, sei nicht traurig und melancholisch, nein? Es geht so unendlich vielen so, daß sie dieses Jahr keine Weihnachten haben, daran denk und daran

auch, daß es uns bestimmt eines Tages wieder besser gehn wird. Gerade in den schlechten Zeiten müssen wir beweisen, daß wir der guten würdig sind. – Gestern hat mich der Oberregierungsrat[2] rufen lassen, er war sehr anständig. Ich bat ihn, uns freizulassen, und er will sich die Akten ansehn. Ach, wenn Du Glück hättest! Und wenn wir nicht in den Prozeß kämen! Ich komme ev. wieder in die Gestapo, wo es viel schöner ist, da ich die Änderungen am Stück für Camilla machen soll. Er erlaubt es! Du hast es ja da, streich an, was Dir nicht gefällt und warum, ja? Und bring es mit. – So, mein kleiner, kerzenheller, herzenswarmer Weihnachtsbaum, *nun wollen wir trotz aller Widrigkeit tief im Innern ein bißchen vor uns hinsummen: »O Du fröhliche ...« Und wollen mit großem Ernst und tiefer Ruhe diese Weihnacht begehen, tapfer und innig.* Dann wird auch ein kleiner, zarter Hauch von verbrannten Mandeln, von Kerzen und Kuchen durch unsre karge Zelle ziehn, und selbst in unser geprüftes Herz wird ein Abschein der großen Weihnacht überall leuchten. Mein geliebtes Weihnachtsherz, meine Schicksalsfrau, ich liebe Dich so ...

Dein Pitt

1 GW kann hier nur sich und seine Frau meinen. Gegen die ersten 13 Mitglieder der Widerstandsgruppe (Harro und Libertas Schulze-Boysen, Arvid und Mildred Harnack, Kurt und Elisabeth Schumacher u. a.) fand bereits vom 15. bis 19.12.1942 der Prozeß vor dem Reichskriegsgericht in Berlin-Charlottenburg statt. Bis auf zwei wurden alle Angeklagten am 22.12.1942 in Plötzensee hingerichtet.

2 Friedrich Panzinger, SS-Obersturmbannführer, Vertreter des Gestapo-Chefs Müller

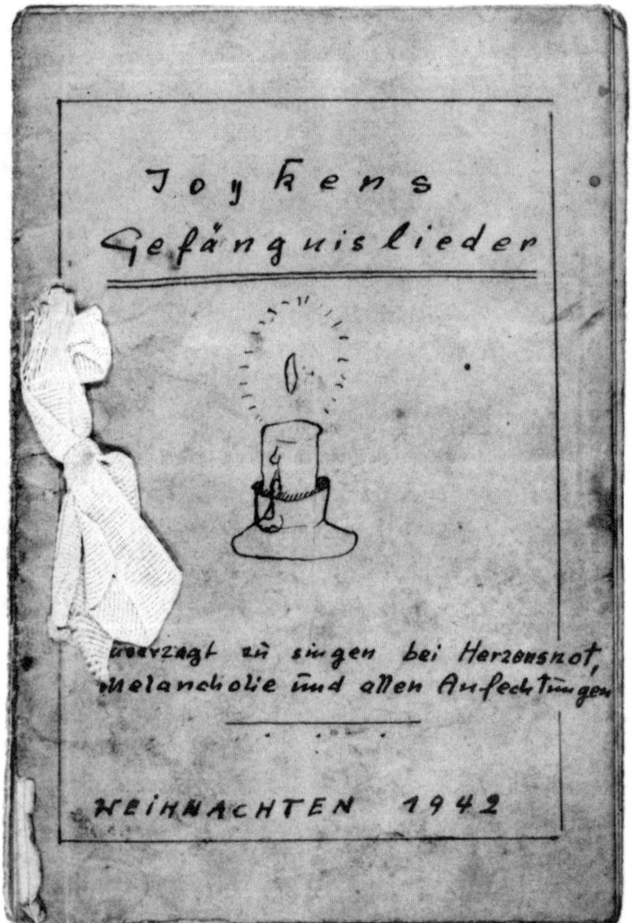

Das Faksimile stellt das Deckblatt der handschriftlichen Sammlung dar, die JW am 23. 12. 1942 als Weihnachtsgeschenk von GW durch einen Gestapobeamten überbracht wurde. Text der Seite 2: *Weihnachten ist das Fest der Liebe. Die es einsam begehen, wissen es. Aber ihr Herz blutet nicht, sondern öffnet sich der großen, schmerzbeladenen Welt! 24. Dezember 1942 Schutzhäftling Weisenborn.* Insgesamt enthält die Sammlung acht Gedichte, von denen alle bis auf eins hier abgedruckt sind. Die Fassungen wurden mit dem Original verglichen.

Joykens Gefängnislieder

Einsames Weihnachtslied
für Joykens »heiligen Abend«

Kein Kerzenglanz, kein Lichterbaum
sind dies Jahr hier zu sehn.
Elektrisch Licht erhellt den Raum –
und doch ist Weihnacht schön.
Stille Nacht …

Kein Kinderlachen, kein Geschenk,
kein Kuchen und kein Licht …
Doch wenn ich an den Liebsten denk,
brauch ich das alles nicht.
Stille Nacht …

Er hat es auch nicht, und wir zwei
haben uns klar gemacht:
Ist nur das Herz recht hell dabei,
dann singt's auch: Stille Nacht,
Stille Nacht …

Und wem das Herz zu dunkel ist,
der leuchte mit Liebe hinein!
Da strahlt es wie ein Weihnachtsbaum
in festlichem Kerzenschein.
Stille Nacht …

Die Liebe und die Innigkeit
sie leuchten mehr als ein Baum.

Dann sitzt mit glänzenden Augen mein Lieb
einsam im kahlen Raum.
Stille Nacht …
Stille Nacht …

Lied vom gefangenen Joyken

Eine dunkle Wolke flog herein,
ich wohn in einem grauen Haus.
Dort gibt es Seide nicht, noch Wein.
Ich schau nach meinem Liebsten aus.
Geh vorbei, dunkle Zeit, geh vorbei …

Und aus der Wolke fiel ein Schnee,
er fiel vor meinem Gitter hin.
Daß ich allein bin, das tut weh.
Ich wein, weil ich gefangen bin.
Geh vorbei, dunkle Zeit, geh vorbei …

Der Schnee weht allen ins Gesicht,
die draußen auf der Straße stehn.
Doch, wo ich steh, da fällt er nicht.
Ich möcht so gern nach Hause gehn …
Geh vorbei, dunkle Zeit, geh vorbei …

Doch:
Einmal rinnt jeder Schnee zu Tal,
einmal geht jede Haft vorbei
und jede Wolke weicht einmal!
Es kommt ein Tag, dann bin ich frei!
Komm herbei, schöne Zeit, komm herbei!

Liedchen gegen Tränen
(Wenns schlimm wird, rasch und schnell zu lesen)

Na, was sollen denn die Tränen
und das traurige Gesicht?
Nein, mein Liebchen, solche Sachen
machen wir zwei beide nicht!
Wer weint, der ist es selber schuld,
wer in der Zelle sitzt, der lern Geduld!

Streich dir die Haare aus der Stirn,
weg mit dem Taschentuch!
Jetzt ist es mit der Trübsal, Kind,
aber bestimmt genug!
Wer weint, der ist es selber schuld,
wer in der Zelle sitzt, der lern Geduld!

Und wenn die Welt voll Teufel wär,
bei uns bleibt der Humor!
Wir lachen uns, ist niemand da,
dann einfach selbst ins Ohr!
Wer weint, der ist es selber schuld,
wer in der Zelle sitzt, der lern Geduld!

Die große Ruhe lernt man dann
und denkt: Schicksal, sei gut
und mach uns beide wieder frei!
Ich hab Geduld und Mut.
Wer weint, der ist es selber schuld,
wer in der Zelle sitzt, der lern Geduld!

Schneebeerenlied

Schneebeeren stehn im Gefängnishof,
ja, die sind rund und schön.
Von meinem Gitterfenster
kann man sie sehn.

Sie lebt in einem festen Haus,
es geht ihr so wie mir,
wir können zueinander nicht
durch die Gefängnistür.

Und wenn das Wort gesprochen ist,
das uns die Freiheit gibt,
dann sehn es uns die Leute an,
daß eins den andern liebt.

Und dauert es noch eine Zeit,
dann sind wir nicht betrübt.
Wir warten unsre Stunde ab,
weil eins den andern liebt.

Lied vom Mut in dunklen Tagen

Glaub nicht, daß dir es ganz allein so geht,
Glaub nicht, daß du verlassen bist!
Das Schicksal, das der Mensch nie ganz versteht,
ist größer, als der Mensch es ist.
    Sei nicht traurig, alles geht vorbei,
    wer heut gefangen sitzt, ist morgen frei …

Hab Mut, mein Mädchen, und sei unverzagt
und denk, ich bin es so wie du.

Und denk auch dran, daß ich dir einst gesagt:
Dem Frohen lacht das Glück meist zu.
    Sei nicht traurig, alles geht vorbei,
    wer heut gefangen sitzt, ist morgen frei …

Auch diese trübe Stunde geht vorbei
wie auch die andern Stunden all!
Und eines Tages sind wir beide frei!
Hab Mut, der Tag kommt auch einmal!
    Sei nicht traurig, alles geht vorbei,
    wer heut gefangen sitzt, ist morgen frei …

Unverzagtes Flüsterliedchen besonders für Joyken!
(Ganz leise in der Dämmerung zu singen)

Ach, laßt uns nicht verzagen,
es gibt so viele Not.
Was hilft uns denn das Klagen
um Freiheit oder Brot?

Ach, laßt das Herz uns rein sein!
Die Zeit ist allen schwer.
Für viele heißt allein sein:
Das Liebste lebt nicht mehr.

Solang wir uns noch lieben,
und wir sind immer treu,
woll'n wir uns nicht betrüben,
sind wir im Herzen frei.

Schlaflied für Geliebte
(Mit geschlossenen Augen zu summen)

Nun wolln wir schlafen gehen,
Geliebte, sei mir gut.
Ich weiß, daß du jetzt an mich denkst,
ich schlaf in guter Hut.

Lang ist der Tag gewesen,
Geliebte, sei mir gut,
wann werden wir uns wiedersehn?
Schlaf du in guter Hut.

Es wird die Stunde kommen,
Geliebte, sei mir gut,
dann schlafen wir in unserm Heim,
und sind in guter Hut.

Tu ab des Tages Sorgen,
Geliebte, sei mir gut,
du liegst an meiner Seite dann
und schläfst in guter Hut.

So komm zu mir, o Frieden,
Geliebte, sei mir gut,
und gib uns einen guten Schlaf.
Wir sind in guter Hut –

(für unsre Viertelstunde)

Joy Weisenborn an Günther Weisenborn
Alexanderplatz, 30. Dezember 1942

Mein einzigster, geliebter Junge, morgen um 12 Uhr Mitternacht stehe ich vor meinem Fenster, und denke nur an Dich und rufe Dir zu: Halt aus! Wenn wir auch kein Glas Wein zum Anstoßen haben, so haben wir unsere Seelen, und die klingen tausendmal klarer und reiner als jedes Glas der Erde, und wir werden noch viele Sylvester feiern, nicht wahr? Nur eine große Bitte habe ich: Das nächste Sylvesterfest feiern wir beide ganz alleine irgendwo in den Bergen im Schnee, wo nur Stille ist, und Du und ich, versprichst Du mir das? Gerade diese Stunde verbringe ich so ungern mit Menschen, die mir so wenig nahestehen.

Ich kann Dir mit Stolz berichten, daß ich Weihnachten so verlebt habe, wie Du es nur wünschen konntest, ich war ganz stark und tapfer. O mein Liebling, Du hast mir ja die größte Weihnachtsfreude gemacht, die ich mir nur denken kann, mit den wunderbaren Liedern[1], die werden mein kostbarster Schatz sein mein Leben lang. Ich singe sie dauernd und komponiere dabei. Daß wir uns nicht sehen konnten, war sehr hart, aber wir können Herrn Habecker ja nicht genug danken[2], daß er uns noch Pakete zukommen läßt, und unser leibliches Wohl ist doch jetzt wichtiger, da ja der Prozeß bald startet. Deine Briefe sind ein Genuß, ich falle immer darüber her wie ein wildes Tier, ich habe sie alle bekommen, vom 5.12. und 20. Dezember. Wie wird das nun mit Camillas Stück? Daß der Wagen verkauft werden soll, tut mir nur für Dich schrecklich leid, weil Du wie ein kleiner Junge daran hingst. Ich hatte ja immer schon die Ahnung, daß ich in dem Wagen niemals sitzen würde. Aber es ist wirklich nicht das Schlimmste. Kurz vor Weihnachten hatte ich Stimmungstiefstand, der sich aber nach Weihnachten immer mehr hob. Es muß ja bald die Entscheidung kommen, diese Hoffnung hält mich hoch. O mein Geliebter, ich will tapfer sein, Du sollst stolz auf Dein Joyken sein, das habe ich mir in den Kopf gesetzt. Gute Nacht, mein Lieb, ich halte Wacht, es passiert Dir nichts, ich lieb Dich doch, ich,

Dein kleines Joyken

1 Gemeint sind *Joykens Gefängnislieder* (siehe S. 80–86), die JW durch einen Gestapomann am 23. 12. 1942 als Weihnachtsgeschenk von GW erhielt.
2 Auch dies einer der bewußt für Habecker formulierten Sätze.

Joy Weisenborn an Günther Weisenborn
Alexanderplatz, 6. Januar 1943

[...] Ich stand hinter meinem Gitterfenster, und als die Glocken anfingen zu läuten, hab ich ganz laut gerufen: *Auf unsere Freiheit!* Hast Du es gehört? Und Du warst ganz nah bei mir, unsere Wünsche gingen dann als einer in den Himmel hinein. Mein Lieb, ich singe immer meine neuen Lieder, und dann krieg ich so Sehnsucht nach meiner Zieh, denn sie und ich, wir gehören doch nun mal zusammen, was mag sie nur von mir denken, einsam steht sie in der Bayreutherstr. 10, und keiner nimmt sie in den Arm, aber es geht ihr gerade so wie mir. O Gott, wenn ich nur daran denke, Deine Hände in meinen halten zu können und Dir Tee machen zu können in unserem warmen Nest! Aber das kommt ja alles wieder. Wir haben ja wohl schon wunderbare Wiedersehensfeste gefeiert, aber ich bin sicher, das nächste wird alles bisherige in den Schatten stellen, was meinst Du? – Draußen liegt nun wirklich Schnee, und die Kälte ist unfaßbar, wir liegen hier nämlich auf dem fünften Stock, und die Heizung funktioniert scheinbar nicht so, wie sie soll, jedenfalls muß ich im Pelz nachts schlafen, weil ich es sonst nicht aushalten kann. Und weil alles so trüb und kalt ist, lade ich Dich heute zu einem Flug nach Sizilien ein, und ich führe Dich nicht in die Städte, nein, mein Liebling, ich führe Dich an meinen Lieblingsplatz, zu dem ich mich immer hinsehne, seitdem ich ein paar wunderbare Stunden der Ruhe und des Friedens dort verlebte. Fühlst Du, wie die Sonne brennt, ja, Du bist schon ganz braun, und Deine blauen Augen leuchten doppelt, ach, ich hab Dich ja so unheimlich lieb. So, nun nehme ich Deine Hand, es geht ein bißchen steil bergauf, aber gleich sind wir oben an dem 2000 Jahre alten Tempel Segesta[1]. Es summt von Insekten, sonst kein Laut und kein Haus in der Umgegend zu sehen, einsam stehn die Reste des Tempels da. Kleine Eidechsen huschen über Steine hinweg. Wir sind ganz allein, Du und ich. Hat sich der Flug gelohnt? Und heute nacht fliegen wir nicht zurück, nein, wir schlafen hier oben unter dem südlichen Sternenhimmel, und wenn wir eine Sternschnuppe sehen, dann wünschen wir allen armen Menschen, die gefangen sind, Freiheit! Mein geliebter Junge, und dann führst Du mich im nächsten Brief an *Deinen* Lieblingsort, ja? Denn was Du liebst, das liebe ich auch.

Doch nun wieder zurück in die Wirklichkeit. Vater schrieb Dir ja auch, daß sie nun nach Opladen sind. Übrigens denkt Vater, ich könnte schreiben, sooft ich will, dabei geht es mir genauso wie Dir, ich bin froh, daß ich jede Woche einmal schreiben darf, und daß dieser eine Brief meinem einzigen, geliebten Jungen gehört, ist ja wohl klar, außerdem hatte ich im stillen immer noch mit einem Besuchstag gerechnet. Vater hat am 18. Januar Geburtstag, vielleicht daß wir mal einen Extrabrief schreiben dürfen. Morgen wird es fünf Wochen, daß wir uns nicht sahen! Ob der Prozeß nun im Gange ist? Von unserem Rechtsanwalt hab ich noch nichts gesehn. Weißt Du, dieses vollkommene Verlorensein hier in der Zelle und die Ungewißheit sind das Schlimmste bei der ganzen Sache. Fast schon vier Monate nichts als Suppe, nur die Pakete sind unsere Rettung, ich falle immer wie ein wildes Tier darüber her. Mein Lieb, nur noch zehn cm Papier für den Abschied. Bleib mir gesund, ich pflege mich soviel wie möglich, damit Du dasselbe Joyken zurückbekommst, das Du vor zwei Jahren geheiratet hast. Am 25. Januar werden wir jeder ein stilles Fest der Dankbarkeit feiern, daß wir uns gefunden haben, dazu haben wir allen Grund. So, und nun gebe ich Dir das zarteste Abschiedsküßchen (Komm, wir gehn ein wenig zur Seite, denn sie sehn alle zu) … so … Mein Pitt!!

Das ist und bleibt Dein Joyken!

1 JW kannte ihn von ihrer Sizilienreise her.

Berlin - [illegible], den 24.1.43

Herzensjunge! Mein Pitt! Mein geliebter Günther! Wenn diese Buchstaben sich jetzt umwandeln würden, so würdest Du die Liebe erhalten müssen, die kommen aus meinem tiefsten Herzen. Endlich hörte ich gestern, dass Du gesund und munter bist und Schreibverbot hattest, ich konnte doch keine Erklärung für Dein plötzliches Schweigen finden, kein Neujahrsgruss nichts, ich muss Dir sagen dass dieses Schreibverbot mich mehr als Strafe betroffen hat als Dich, ich wurde immer elender. Aber nun ist alles wieder gut und wie ich hörte bist Du in der P.-Abteilung, wie schön für Dich, mein über alles geliebter Pitt! Oh, könnt ich Dich jetzt in meine Arme nehmen und Dich drücken! Dir würde der Atem vergehen. Nun hoffe ich aber, dass ich bald von Dir höre, ja? Ich hatte einen Dienstzettel an Herrn Habecker geschrieben, er hat ihn mir auch liebenswürdigerweise beantwortet, nur ist er noch nicht in meine Hände gelangt und ich verdankte es nur dem Kommissar der hier war, dass ich von Dir hörte. Hast Du meine Briefe bekommen? Kleinpüppchen hinter Gittern? Und meine roten Lippen? Und das schöne duftende Blatt? Wenn Du daran riechst, dann musst Du ganz feste an mich denken, ja? Nun sind es zwei Monate seitdem wir uns sahen, und Montag sind 4 Monate unseres Winterkuraufenthaltes herum, wie die Zeit vergeht! Und am Montag, mein Herzensjunge, am 25.1. da ist unser Hochzeitstag! Weisst Du noch, wie wir vom Standesamt zurückkamen! Diese Blumenmengen und das Telefon stand nicht still, und die Telegramme! Ach, es war ein herrlicher, aufregender Tag, unser Tag. Und abends die vielen Gäste. Auch im vorigen Jahr war es schön. Und in diesem Jahr wollen wir jeder für uns ein stilles Fest feiern und dankbar sein für alles Schöne, was wir in diesen zwei Jahren erleben durften. Von Vater hörte ich zuletzt am 30. Januar, er wollte nach Opladen, ob er wohl wieder zurück ist? Was macht Dein Magen und das liebe kleine Herzchen? Hast Du Beschwerden? Hoffentlich nicht. Weisst Du worüber ich mich am meisten freue? Dass Du nun wieder Dein Pfeifchen rauchen darfst, man kann sich Günther Weisenborn [illegible] ohne Pfeifchen vorstellen. Pitt, ich mache manches Mal eine Pause beim Schreiben, weil es nämlich unmöglich ist meine

Joy Weisenborn an Günther Weisenborn
Alexanderplatz, 24. Januar 1943

Herzensjunge! Mein Pitt! Mein geliebter Günther! Wenn diese Buchstaben in Töne umzuwandeln wären, so würdest Du Dir die Ohren zuhalten müssen, denn es würden Schreie sein. Sie kommen aus meinem tiefsten Herzen. Endlich hörte ich gestern, daß Du gesund und munter bist und nur Schreibverbot hattest, ich konnte doch keine Erklärung für Dein plötzliches Schweigen finden, kein Neujahrsgruß, nichts, ich muß Dir sagen, daß dieses Schreibverbot[1] mich mehr als Strafe betroffen hat als Dich, ich wurde immer elender. Aber nun ist alles wieder gut, und wie ich hörte, bist Du in der Prinz-Albrecht-Straße, wie schön für Dich, mein über alles geliebter Pitt! Oh, könnt ich Dich jetzt in meine Arme nehmen und Dich drücken! Dir würde der Atem vergehen. Nun hoffe ich aber, daß ich bald von Dir höre, ja? Ich hatte einen Dienstzettel an Herrn Habecker geschrieben, er hat ihn mir auch liebenswürdigerweise beantwortet, nur ist er noch nicht in meine Hände gelangt, und ich verdankte es nur dem Kommissar, der hier war, daß ich von Dir hörte. Hast Du meine Briefe bekommen? Nun sind es zwei Monate, seitdem wir uns sahen, und Montag sind vier Monate unseres Winterkuraufenthaltes herum, wie die Zeit vergeht! Und am Montag, am 25. 1., da ist unser Hochzeitstag, weißt Du noch, wie wir vom Standesamt zurückkamen? Diese Blumenmengen, und das Telefon stand nicht still, und die Telegramme! Ach, es war ein herrlicher, aufregender Tag, *unser* Tag. Und abends die vielen Gäste. Auch im vorigen Jahr war es schön. Und in diesem Jahr wollen wir jeder für uns ein stilles Fest feiern und dankbar sein für alles Schöne, was wir in diesen zwei Jahren erleben durften. Von Vater hörte ich zuletzt am 30. Dezember[2], er wollte nach Opladen, ob er wohl wieder zurück ist? Was macht Dein Magen und das liebe kleine Herzchen? Hast Du Beschwerden? Hoffentlich nicht! Weißt Du, worüber ich mich am meisten freue? Daß Du nun wieder Dein Pfeifchen rauchen darfst, man kann sich Günther Weisenborn unmöglich ohne Pfeifchen vorstellen. Pitt, ich mach manches Mal eine Pause beim Schreiben, weil es nämlich unmöglich ist, Gefühle auf ein Stück Papier zu schreiben …

In der Mitte unten: Joy und Günther Weisenborn. Darunter liegend, nur mit dem Kopf sichtbar: Martha Husemann. Li. hinter JW mit GWs Tropenhelm: Walther Husemann. Li. dahinter: Harro Schulze-Boysen. Re. von GW: Libertas Schulze-Boysen. Re. oben, winkend: Ernst Rowohlt.

Ach, und wenn wir erst wieder zusammen sind, ich kann es mir kaum vorstellen, so schön wird es sein! Die Tage gehen eigentlich ziemlich schnell vorbei, im Nu ist es wieder Sonntag. Hast Du an Vaters Geburtstag gedacht? Ich habe einen langen Brief geschrieben, und ihm sehr gedankt für alles, was er für uns tut, ach, es ist so schön, wenn man weiß, die draußen denken an uns, und ich bin so tief dankbar für alles. Eine besondere Gunst schenkt uns in diesem Jahr der Himmel, der ganze Januar erinnert an Vorfrühling, was das für uns hier am Alex bedeutet, kannst Du Dir denken, es ist nämlich bei Kälte unerträglich. Mein Pelz geht dabei drauf, denn es ist nachts oft so kalt, daß ich ihn als einzige Rettung empfinde. Vor kurzem hatte ich einen Traum: Deine Zelle war direkt neben meiner, und zwischen uns war eine Holztüre! Wär das schön?! Sonst bin ich aber wirklich ganz tapfer, und Du würdest Deine Freude an mir haben, singe Deine Lieder, nur ein Lied habe ich umgedichtet, ich singe nicht mehr: »Immer dieselben Lieder, immer detselbe Jeld«[3], sondern: »Immer dieselbe Suppe, immer detselbe Brot ...«

Das waren aber zwei dolle Angriffe[4], obwohl ich hier hoch oben wohne, hatte ich kein bißchen Angst, es war mal eine Abwechslung, so traurig die Tatsache an sich ist, denn hier in der Nähe muß auch eine Bombe runtergegangen sein.

Oh, was fange ich vor lauter Liebe und Sehnsucht an? Fünf Schritte hin, fünf Schritte her, das ist das einzige, was ich tun kann. Ich freue mich wahnsinnig auf Deinen nächsten Brief, hoffentlich kommt er bald! Schon wieder ist der Bogen voll, ich muß Abschied nehmen für eine Woche, bleibe gesund und munter, arbeite tüchtig, rauch Dein Pfeifchen und denk an mich, ganz oft, und lieb, wie ich an Dich, Deine kleine Frau, Dein Komiker,

Dein Joyken

1 GW durfte ab Ende Dezember 1942 sechs Wochen lang nicht schreiben, da seine Kassiber abgefangen worden waren. JW wußte natürlich nicht, weshalb sie keine Briefe mehr von ihrem Mann erhielt. Sie mußte vielmehr annehmen, daß GW inzwischen verurteilt worden war. Zudem nahm sie an, daß sie GW mit ihrem Brief vom 24. 12. 1942 belastet habe, in dem sie mit einem verabredeten Code (jedes dritte Wort in jeder zweiten Zeile) gefragt hatte: »Hat ... man ... Dich ... nach ... den ... Reden ... gefragt ...?« Der Brief ist nicht erhalten.

2 Datum korrigiert. Im Original heißt es: 30. Januar.

3 Zitat aus dem *Hofmusikantenlied* von GW.

4 Bei Bombenangriffen war es üblich, daß die Gefangenen im 5. Stock doppelt eingeschlossen wurden, während die Wärterinnen im Luftschutzkeller waren. »Wir Frauen saßen unmittelbar unter dem Glasdach, im obersten Stockwerk. Ich preßte mich abwechselnd an die eine und die andere Wand meiner Zelle. Dabei Totenstille im Haus, die Aufseherinnen waren im Luftschutzkeller versammelt. Unsere Zellen aber blieben verriegelt. Hell flammten die Einschläge, der Himmel leuchtete, als ganz in unserer Nähe der Marstall brannte. Erschöpft, wie gemartert, erwarteten wir den Morgen, und mit ihm neue zermürbende Unterbrechungen unserer Einzelhaft.« (Elfriede Paul, *Ein Sprechzimmer der Roten Kapelle*, a. a. O., S. 157)

Günther Weisenborn an Joy Weisenborn
Prinz-Albrecht-Str. 8, 4. Februar 1943

Mein Herzensjoyken, min Söting!
Zum ersten Mal seit sechs Wochen darf ich Dir wieder schreiben und freu mich schon seit Tagen drauf. Deine herrlichen, tapferen Briefe[1] haben mir über manch schwere Stunde weggeholfen. Sie sind wunderbar, so frisch und herzenswarm, ich werde sie mein Leben lang in Ehren halten. Als ich Dich jetzt gesehn habe[2], hat mir den ganzen Tag beim Schreiben die Hand gezittert, vor lauter inniger Liebe. Wieviel Kummer und Sehnsucht hast Du Dir an Deinem Schuh kaputtgelaufen, meine kleine, tapfere, unwiderrufliche Schicksalsfrau. Hoffentlich geht es Dir in Charl. besser, und hoffentlich bist Du nicht mehr so blaß. Ich möchte Dich am liebsten in ein großes Tuch wickeln, Dich auf den Arm nehmen und weit weg tragen, wo Sonne und Frieden ist und ich Dich ungeheuer verwöhnen kann. Wenn sich jemals bewiesen hat, daß wir zwei »stimmen«, dann in dieser harten Zeit. Wie auch die Würfel fallen mögen[3], mein einziges Seelchen, denk dran, daß ich nie jemand inniger geliebt habe als Dich und auch nie jemand mehr lieben werde. Was war das alles für ein Durcheinander von Gefühlen früher bei mir. Und jetzt hab ich durch Dich erst die tiefe Treue, die innerlichste Ehe gelernt und bin jetzt erst glücklich. Das danke ich Dir, mein Joyken.

Ich geb die Hoffnung nicht auf[4], daß wir beide freikommen, obwohl ich auf meinen Brief an den Oberreg.rat[5] noch keine Antwort bekommen habe.

Stell Dir vor, wir könnten wieder zusammen arbeiten, ich könnte Dir früh wieder diktieren, Tee steht auf dem Tisch, und abends gibt es Tootsrollen zu essen. Ach, es kommt bestimmt wieder, sei getrost! Es ist eine Zeitfrage. Bis dahin müssen wir eben Tage hamstern, wir haben schon ganz schön gehamstert, über 120 Tage. Wenn eines Tages alles überstanden ist, macht man einen Strich drunter und fängt neu an. Aber was auch geschieht, wir gehören auf Tod und Verderben zusammen, und nichts soll uns trennen. Sei tapfer, Geliebte, ganz tapfer, ja? Und ganz ruhig, ja? Wir haben soviel Schönes gehabt, und wir werden bestimmt noch viel Schönes erleben. Darauf freu ich mich jetzt schon. Und Du auch, nicht wahr? So, jetzt leg ich meine Hand auf Deine Augen, ganz leise, mach sie zu, ja? So, so, so ... Du bist so lieb und so rührend, daß Du mich immer wieder glücklich machst. Mein Herz macht einen tiefen Knicks vor Dir. Liebe, liebe, liebe ...

Laß es Dir gut gehn, beweg Dich viel und sei ganz ruhig und stark. Du hast soviel innere Kraft! Und spiel ein paar Partien, daß Du mich bald matt setzen kannst. Von Vater kam ein Brief und von Erika Lebensmittel. Denk an unsre »Brücke« von 18 bis 18.15 Uhr, ja?

Und nun in Fröhlichkeit ...

immer Dein Pitt

[Am Rand: Weißt Du noch: Obergurgl?]

1 JW an GW, 30.12.1942, 6.1.1943 und evtl. auch 24.1.1943

2 Am 28.1.1943, bevor JW in das Gefängnis der Polizeistelle Charlottenburg strafverlegt wurde, haben sich JW und GW kurz in der Gestapozentrale gesehen. JW: »Plötzlich stand Habekker morgens in meiner Zelle. Ich solle meine Sachen zusammenpacken! Es dauerte etwas, weil ich so viele Bücher hatte. ›Ihnen fehlt ja nur noch ’n Klavier‹, sagte er. Dann saß ich zwischen Habecker und einem Gestapomann im Auto. Wir fuhren über den Kurfürstendamm. Ich sah die Damen im Café Kranzler, es war warm, fast Frühling. Dann ging es rauf in den 5. Stock, in sein Büro. Dort holte Habecker als erstes seine Pistole aus der Schreibtischschublade und legte sie vor sich auf den Schreibtisch. Ich konnte nicht mehr. Er sah so sadistisch aus. Ich sagte: ›Sie können mich ruhig erschießen.‹ Darauf sagte er nichts, sondern fragte, warum ich kassibert hätte. Was ich mir dabei gedacht hätte? ›Ihr seid wie Kinder‹, schnauzte er. Ob ich nicht wüßte, daß ich andere dadurch ins KZ brächte (gemeint war die Prostituierte, die das Essen austrug und den Kassiber an sich genommen hatte)? Ich antwortete, daß andere nicht für mich ins KZ kommen sollten, wenn dann ich ... Daraufhin er: ›Dann sitzen ja die Falschen. Die wollen wir nicht.‹« Die Zelle, in die JW in Charlottenburg kam, war die ehemalige Zelle von Libertas Schulze-Boysen. JW bekam drei Wochen Schreibverbot.

3 Indirekter Hinweis auf GWs Verhandlungstermin vor dem 2. Senat des Reichskriegsgerichts am nächsten Tag. GW wollte selbst noch in dieser Situation seine Frau schonen. Laut Kassiber vom 22. 7. 1943 (siehe S. 136) hatte GW am 2. 2. 1943 eine Vorladung bekommen.
4 Wohl lediglich als Trost für JW gemeint.
5 Über den Inhalt dieses Briefes an Panzinger ist nichts bekannt.

Lied vom 4. 2. 1943

Du bist nicht da, ich bin allein
und sprach seit Monden nicht ein Wort.
Kein Vögelchen pfeift hier am Ort,
und doch ist es kein Einsamsein.
Was auch geschieht, wir lieben uns.
Ich sing dein Lied, wir lieben uns für alle Zeit!

Ich hab' solang dich nicht gesehn
und nicht dein blasses Angesicht.
Auch, wo es ist, ich weiß es nicht,
Doch, wo es ist, da ist es schön!
Was auch geschieht, wir lieben uns.
Ich sing dein Lied, wir lieben uns für alle Zeit!

Die Anemonen blühn auch hier,
und in der Zelle ist oft Mai.
Bist du auch fern und nicht dabei:
Hier ist ein Kuß, den schick ich dir!
Was auch geschieht, wir lieben uns.
Ich sing dein Lied, wir lieben uns in Ewigkeit!

Frage

Wer weiß es denn,
der durch die Woche irrt,
ob er am Sonntag
noch atmen wird?

Wer weiß es denn,
der seinen Stern vergißt,
daß der Gesättigte vom
Mohn der Toten ißt?

Und wer weiß denn,
den wir am Kreuzweg sehn
im grauen Frühlicht,
wohin die Wege gehn?

Günther Weisenborn an Joy Weisenborn
Prinz-Albrecht-Str. 8, 5. Februar 1943

Mein Joyken –
5.2.43
abends 9.15 Uhr
Eben komm ich nach »Hause« in die Zelle und habe den Antrag auf Todesstrafe[1] durch den Reichskriegsanwalt eben gehört. Nach einer Verhandlung von einer halben Std, ohne daß ein Zeuge für mich gehört wurde.

Es ist furchtbarer Ernst geworden. Ich wundere mich, daß ich sehr ruhig und gefaßt bin, mit den Beamten einen kleinen Witz machte und an Dich, an Dich, meine Schicksalsfrau dachte. Muß ich sterben, so werde ich tapfer und schweigsam sterben. Es ist Krieg, die einen fallen in Stalingrad[2], die anderen in Plötzensee[3].

Wir werden uns auf jeden Fall jetzt lange nicht sehn, aber unsere Liebe wird nicht vergehn. Sie wird ein Teil der großen Weltliebe sein, der wir dienen und zu der wir uns gläubig bekennen.

Ich grüße Dich aus innerstem, wunden Herzen und bleibe in jeder Minute

Dein Pitt

Datum dieses und des folgenden Briefes korrigiert, da laut Urteil des Reichskriegsgerichts am 5. und 6. Februar 1943 verhandelt wurde und nicht, wie von GW fälschlich datiert, am 4. und 5. 2. Dieser »Abschiedsbrief« und der nachfolgende wurden nicht abgeschickt. Vgl. GW an JW, 18. 2. 1943 sowie Kassiber vom 21. 7. 1943

1 Dr. Manfred Roeder forderte die Todesstrafe auch für Philipp Schaeffer, Lotte Schleif, Dr. Elfriede Paul und Walter Küchenmeister, für Ilse Schaeffer Gefängnisstrafe.

2 2. Februar 1943, Ende der Schlacht um Stalingrad.

3 Einziger Hinweis in den Briefen auf die Hinrichtung der Freunde in Plötzensee am 22. 12. 1942.

Als ich in den Saal des Reichskriegsgerichts geführt wurde, vor dem ein Posten stand, sah ich ein Schild an der Tür: »Geheime Verhandlung«.

Ein kahler Habichtskopf mit Hornbrille, der von einem schwarzen Talar getragen wurde, stieß auf mich zu: »Ich bin Ihr Offizialverteidiger. Ich kenne Ihre Akten. Machen Sie sich keine unnötigen Sorgen. Sie wissen, daß Sie im Höchstfalle mit der Todesstrafe rechnen können. Wir sehen uns ja nachher.«

Ich hatte monatelang um einen Verteidiger gebeten. Hier war er. Er hatte gesprochen. Es waren die einzigen Worte, die er je zu mir sprach.

Ich habe diese Worte nie vergessen, denn sie bildeten meine gesamte juristische Vorbereitung für einen Prozeß auf Tod und Leben.

Die Tür öffnete sich, und ich betrat den Gerichtssaal.

Aus: *Memorial* 78, S. 95

Der Saal des Reichskriegsgerichts war groß und ganz leer. An einer Schmalseite saß das Gericht, das aus zwei Generalen, einem Admiral und zwei anderen Offizieren bestand. Rechts erhöht der Staatsanwalt, unter ihm der Verteidiger.

An der Eingangstür saß an einem Klapptisch ein bescheidener, grauer Zivilist, ein Gestapokommissar, der sich Notizen machte. Die Richter verhielten sich leise und eifrig, ihre Sätze hatten Glacéhandschuhe an. Ich wurde darauf aufmerksam gemacht, daß ich gut täte, nur mit Ja oder Nein zu antworten. Mir schwebte vor, daß man Zeugen laden könne, und ich bat um zwei Zeugen. Der Präsident lehnte ab. Mir wurde die belastende Aussage von einem Protokoll aus vorgelesen. Ich bat um Gegenüberstellung mit dem Belastungszeugen. Das wurde abgelehnt, denn er war bereits hingerichtet. Ich stand in einer lächerlichen Aufmachung vor dem Gericht, denn meine Hose rutschte, weil der Gürtel weggenommen und ich ziemlich dünn geworden war; die Manschetten meiner Hemdsärmel fielen über meine Hände, weil mir die Manschettenknöpfe abgenommen worden waren. Ich hatte keine Papiere, nicht einmal eine Anklageschrift. Die fünf blassen Offiziersgesichter blickten mich mit jener mechanischen Beschränktheit an, mit jenem bewegungslosen Interesse, das eine müde Skatrunde hat, wenn sie aus dem Fenster des Speisewagens auf einen Rottenarbeiter draußen hinabblickt. Sie sahen sich den von oben an, der da um sein Leben kämpft, nichts weiter.

Aus: *Memorial* 80, S. 96

Zu den Anträgen des Anklägers wurden wir sechs Angeklagte, die an jenem Tag Termin hatten, hereingerufen. Wir mußten auf sechs Stühlen, die weit auseinander standen, mitten im leeren Saal, in dem die Stimme hallte, Platz nehmen. Es waren sechs Strafanträge, die der Oberst stellte. Von diesen forderten fünf die Todesstrafe. Als er meinen Namen unter diesen fünf nannte, hatte ich die Empfindung einer gewissen kühlen Erleichterung. Jetzt wird endlich Ruhe sein. Ich blickte nach den andern, sie standen blaß und fest. Nur eine Frau schluchzte. Es war die Frau, gegen die eine Gefängnisstrafe beantragt worden war.

Als das Gericht sich entfernt hatte, reichten wir uns alle trotz des Verbots zum erstenmal die Hand und zum letztenmal, ehe wir gefesselt und davongefahren wurden.

Aus: *Memorial* 82, S. 100

5. 2. 43

Mein Jochen!

Ein schwerer Tag geht zu Ende. Ich stand gestern und heute vor dem Kriegsgericht. Gestern beantragte der Reichskriegsanwalt den Tod für mich. Heute war mein letztes Wort, das Urteil lautete auf 3 Jahre Zuchthaus wegen „Nichtanzeige eines Verbrechens". Das war heute um 2 Uhr. Um 4 war ich in meiner Zelle, lief auf und ab und bin noch nicht klar. Ich lag die Nacht gefesselt. Ich war sehr ruhig. Das letzte Wort sprach ich auch von dir, von deiner Tapferkeit in Frankreich und Sizilien. Ich muss mich erst sammeln. Ich bin sehr müde. Und sehr einsam. Es waren die schwersten Tage meines Lebens. Ich habe dir nichts davon geschrieben, dass ich angeklagt bin. Du hättest dir nur Sorgen gemacht. Ich war schweissgebadet. Wie alles wird, weiss ich nicht. Es ist jetzt 18 Uhr, wir sagen „Brückenzeit". Darauf will ich schlafen, schlafen. Ich liebe dich so sehr. Dein strahlendes Bild trug ich auf dem Herzen. Mein Gott! Schlaf schön, einziger Geliebter.

Bin sehr müd

Deine Stoll.

Günther Weisenborn an Joy Weisenborn
Prinz-Albrecht-Str. 8, 6. Februar 1943

Mein Joyken!
Ein schwerer Tag geht zu Ende. Ich stand gestern und heute vor dem Kriegsgericht. Gestern beantragte der Reichskriegsanwalt den Tod für mich. Heut war mein letztes Wort, das Urteil[1] lautete auf 3 Jahre Zuchthaus wegen »Nichtanzeige eines Verbrechens«. Das war heute um 2 Uhr. Um 4 war ich in meiner Zelle, lief auf und ab und bin noch nicht klar. Ich lag die Nacht gefesselt. Ich war sehr ruhig. Im letzten Wort sprach ich auch von Dir, von Deiner Tapferkeit in Frankreich und Sizilien.[2] Ich muß mich erst sammeln. Ich bin sehr müde. Und sehr einsam. Es waren die schwersten Tage meines Lebens. Ich hab Dir nichts davon geschrieben, daß ich vorgeladen bin. Du hättest Dir nur Sorgen gemacht. Ich war schweißgebadet. Wie alles wird, weiß ich nicht. Es ist jetzt 18 Uhr, unsere »Brückenzeit«. Danach will ich schlafen, schlafen. Ich liebe Dich so sehr. Dein duftendes Tiroler Tüchel trug ich auf dem Herzen. Mein Gott! Schlaf schön, einzige Geliebte.

Bin sehr müd

Dein Pitt.

Datum dieses Briefes ebenfalls korrigiert, siehe oben.

1 Für Walter Küchenmeister und Philipp Schaeffer wurden die am Vortag beantragten Todesurteile bestätigt, dagegen erhielten Lotte Schleif acht Jahre, Dr. Elfriede Paul sechs Jahre, Ilse Schaeffer vier Jahre und GW drei Jahre Zuchthaus.

2 Anspielung auf eine Episode während der Sizilienreise von JW, auf der sie bei einem Bombenangriff im Schützengraben gemeinsam mit den Soldaten gesungen hat. »Und rundum fielen die Bomben ...«

Es war der Morgen des Urteils. Der SS-Posten nahm mir die Fesseln ab, damit ich meine Zelle ausfegen und frühstücken konnte, dann legte er sie mir wieder um. Der Kalfaktor flüsterte mir zu: »Wirst du heut wieder abgeholt?«

Ich nickte. »Was hast du für 'n Antrag?« Ich erwiderte verlegen: »Todesstrafe.« Er hatte allerhand Elend gesehen und nickte. Ich sah ihm an, daß er ein Todesurteil nach seiner Erfahrung für sicher hielt. Aber es tröstete mich sonderbarerweise.

Wenn viele sterben, stirbt der einzelne leichter. Es würde endlich Ruhe sein, endlich ein Ende sein mit Qual und Angst und Kampf. Jedenfalls war es eine Entscheidung. Im Waschraum bat ich den Scharführer um die Erlaubnis, ausnahmsweise kalt duschen zu dürfen. »Warum?« fragte er. »Ich kriege heute mein Urteil.« Die Kalfaktoren flüsterten mit ihm, und er erlaubte es. Dann gab mir der Kalfaktor zwei Brote mit Margarine an Stelle des Mittagessens, in graues Packpapier gewikkelt. Er flüsterte: »Mut, Junge, bald sind die Hunde fertig, dann sind wir dran.« – »Aber wir leben dann nicht mehr«, sagte ich. Ich war nicht mutig, ich war einfach gespannt. Und als sie mich fesselten und holten, wußte ich nichts Geistvolleres zu sagen als: »Auf zur Konfirmation!« Ich war jedenfalls ausgeschlafen und frisch gebadet.

Dann ging ich die schmale Treppe hinauf, der SS-Mann hinter mir her. Und oben war ein herrlicher, frostiger Sonnenmorgen, der einen blendete.

Aus: *Memorial* 86, S. 101 f.

Günther Weisenborn an Joy Weisenborn
Prinz-Albrecht-Str. 8, 11. Februar 1943

Mein Joyken,
schon sind es wieder 14 Tage her[1], daß wir uns sahen, und ich habe immer noch keinen Brief von Dir erhalten. Dürft Ihr dort nicht jede Woche schreiben? Bitte, frag doch mal nach! Wie geht es Dir, meine Einzige? Ich hoffe und glaube fest, daß Du tapfer und ruhig bist, nicht wahr? Und schreib mir bitte, ich könnte jetzt einen Brief von Dir gut gebrauchen. Hast Du das Paket und den Gruß darin[2] erhalten? Vater ist noch in O. Unseren Hochzeitstag hab ich natürlich hier still für mich gefeiert und dabei den ganzen Tag an Dich gedacht. Nachdem ich jetzt eine zweijährige Erfahrung mit der Ehe hinter mir habe, möchte ich Dir endlich, wenn auch verspätet, etwas sagen, was ich schon lange wollte. Ich muß Dir nämlich danken. Was Du in den vier Jahren für mich und für uns getan hast, ist so viel, daß es mich einfach erschüttert. Es gibt keinen Menschen, dem ich mehr zu verdanken habe als Dir, und ich bin

manchmal ganz still und andächtig, wenn ich an Dich denke. Weißt Du, daß ich Dich verehre, regelrecht verehre wie ein Primaner? Meine ewig geliebte Schicksalsfrau. Ich hab mich ziemlich verändert in diesen furchtbaren Monaten, in denen man sich selber gegenübergestellt ist und Rechenschaft abgibt. Aber was auch geschehen mag, meine Liebe zu Dir kann sich nie mehr ändern. Und Deine auch nicht. Wir haben unsere Feuerprobe bestanden, mein Joyken, und unsere Liebe ist nur noch stärker geworden in dieser dunklen Zeit. Und sie soll Dir Kraft geben, wenn Du in den Prozeß gehst[3]. Ich bin bei Dir, wenn Du auch allein dort sein solltest. Denk ganz fest daran: Ich bin bei Dir! Und ich sag Dir: tapfer, mein Herzensjoyken! Du bist so tapfer und stark, Du kannst auch allein auf eigenen Füßen stehen. Na wat denn! Wie herrlich haben wir beide zusammen lachen können, auf Spaziergängen, überall. Und wie schön war es auf der Düne in Sorenbohm! Eines Tages werden wir auf unserm Hof in Barning glücklich sein und Kinder haben, nach denen ich mich jetzt zum ersten Mal im Leben sehne. Ach, mein innig geliebtes Herzensjoyken! Ich seh Dich nicht und hör Dich nicht, ich dichte hier Lieder für Dich[4] und hab Dich lieb und warte, warte auf Dich. Dein Bild aus Zettemin lacht mich an, ich mag es am liebsten. Nun bleib gesund, pfleg Dich, mach *Dauerlauf, bewege Dich*, es ist so wichtig! Und sei munter, ja? Bist ja mein Komiker. Ich hab solche Sehnsucht nach Dir und bin immer bei Dir, immer! Was kann da schon geschehn? Und nun mutig ins dritte Jahr! Hoffentlich hört es besser auf, als es angefangen hat, nicht? Ich bin und bleibe bei jedem Atemzug

Dein Pitt

1 Treffen vom 28. 1. 1943
2 Gemeint ist *Nachdenkliches Lied.*

Nachdenkliches Lied

Die Tränen hören niemals auf
und auch nicht die Guirlanden.
Das meiste Leid begann mit Glück
und Blumen, die wir banden.

Die Tränen füllen unser Herz,
bevor es glücklich handelt.
Das bißchen Glück verwandelt uns,
wie uns das Leid verwandelt.

Und wenn der Tag gekommen ist,
den sie den letzten nennen,
sieh zu, daß um dich andre dann
ein wenig weinen können.

Unterschrift: *Ich hab Dich lieb! Dein Pitt Weisenborn.*

3 Nachdem GW seine eigene Verhandlung hinter sich hatte, spricht er in diesem und in den kommenden Briefen immer wieder vom möglichen Prozeß seiner Frau. Da JW jedoch nicht mehr mit einer Verhandlung rechnete, machte sie dies ganz ratlos.

4 Welche Lieder damit gemeint sind, läßt sich nicht mehr feststellen.

Joy Weisenborn an Günther Weisenborn
Charlottenburg, 16. Februar 1943

Mein Herzensjunge! Mein geliebter Pitt! Heute bekam ich endlich, endlich mal wieder Post von Dir, und gleich zwei Briefe[1], ich danke Dir ja so von Herzen. Und das liebe Bildchen aus Sorenbohm, es weckte so viele Erinnerungen an die herrliche Zeit. Denk Dir, da war man frei, man konnte einfach in einen Zug steigen und wieder aussteigen, wo man wollte! Oh, mein geliebter Junge, ich bin bei Dir *immer, immer, immer.* Ja, unsere Liebe besteht hier die Feuerprobe, und ich werde sie bestehen, da kannst Du gewiß sein! Mir geht es hier gut, komme auch jetzt öfter an die Luft[2], was das für mich bedeutet, kannst Du Dir denken. Du brauchst Dir also *keine* Sorge um mich zu machen. Es war ja so wunderbar, Dich noch mal gesehen zu haben, ich kann Dir heute sagen, daß ich damals krank vor Sehnsucht nach Dir war, aber nun halte ich wieder eine Strecke des mühsamen Weges durch, immer mit der großen Hoffnung im Herzen, daß die Sonne auch für uns zwei einmal wieder scheinen muß, denn unsere Liebe steigt über alle Gitter hinaus. Ich mußte erst mal einige Wochen hier sein, darum habe ich noch nicht geschrieben, aber ich hoffe sehr, daß ich Dir jetzt jede Woche einmal schreiben darf. Deine Lieder sind mir immer wieder neu und ein großer Trost in dieser dunklen Zeit, was Du mir damit gibst, ahnst Du nicht! Ob es Dir gut geht? Ob Du Dich sehr einsam fühlst? Ich komme zu Dir, ich setze mich auf Deine Pritsche und lache Dich an. Nicht traurig sein, mein Pitt! Du wirst ja geliebt! Wollen wir eine Partie zusammen spielen? Warte, ich zünde mir ganz schnell ein Zigarettchen an! Ach, es sind keine da? Wie schade, ich sehne mich so danach. Aber wenn nicht, ich bin ja Kummer gewöhnt. Also, spielen wir! Was denn! Du bist schon matt? Mein armer, lieber Pitt, komm, dafür nehme ich Dich ganz lieb und fest in den Arm, und nun bist Du plötzlich nicht mehr »matt«, sondern ganz munter. Komm, wir lassen die olle Zelle allein, wir gehn jetzt etwas bummeln, wie denkst Du über Kino? Mein einzigster Junge, wann werden wir wohl in Barning sitzen, wann werden wir unter der großen Kastanie sitzen, und Klein-Michael[3] und Klein Joyken werden uns auslachen, weil wir uns so altmodisch liebhaben!? Wann? Wann? Wann? Ich kann es kaum erwarten. Aber es wird kommen der Tag, *ganz bestimmt*, ich glaube fest daran. Halte Dich gesund, was auch geschehe, mein Junge, ich bleib es auch. Der Frühling naht, und hier ist es so schön warm, nach der Kälte am Alex war das für mich wie ein Paradies. Ich muß Schluß machen. Der Brief soll fort, damit Du Dir keine Sorgen machst, ich werde durchhalten, und Du auch, nicht wahr? Was macht Camilla Horns Stück? Ist es fertig? Das Lied ist wunderschön[4], es paßt gut in das Stück. Mein Junge, mein Lieb, schnell noch einen innigen Kuß, und noch einen, ach, ich kann kein Ende finden, halt mich fest in Deinen starken Armen

Dein gefangenes Joyken

1 GW an JW, 4. 2. 1943 und 11. 2. 1943
2 Im Gegensatz zum Alex gab es in Charlottenburg immerhin jeden Tag den obligatorischen Spaziergang im Hof. Anfangs war JW jedoch vom gemeinschaftlichen Rundgang ausgeschlossen, sie durfte nur allein und unter Aufsicht von zwei Polizisten spazierengehen.
3 Der Name des Wunschkindes
4 *Nachdenkliches Lied*, später in *Spanische Hochzeit*, Szene 41. Siehe S. 105

Günther Weisenborn an Joy Weisenborn
Prinz-Albrecht-Str. 8, 18. Februar 1943

Meine geliebte, tapfere Schicksalsfrau,
seit vier Wochen habe ich nichts von Dir gehört und mach mir große Sorgen. Hoffentlich bist Du nicht krank! *Warum schreibst Du nicht, mein Joyken?* Was bedeutet das? Bitte, laß mir Nachricht zukommen! Ich warte jede Stunde mit Schmerzen! Du hast doch Schreiberlaubnis. Bitte …

Am 5. 2. stand ich vor dem Kriegsgericht, abends beantragte der Oberstkriegsgerichtsrat die Todesstrafe. Am 6. 2. mittags wurde ich wegen »Nichtanzeige eines Verbrechens« zu drei Jahren Zuchthaus verurteilt. Fünf Monate Untersuchungshaft wurden abgerechnet = zweieinhalb Jahre. Sei nicht traurig, sie werden vorübergehn. Ich wollte es Dir eigentlich mündlich mitteilen, aber es war keine Gelegenheit. Eine Wolke geht vorüber … *eines Tages sind wir wieder zusammen!*

Ein Gnadengesuch um Frontbewährung oder Aufschub der Strafe hab ich eingereicht. In meinem »letzten Wort« hab ich auch von Dir erzählt, vom Unfall in Frankreich, von Sizilien usw. Ich möchte Dir so ungeheuer gern helfen und würde alles dazu tun.

Gestern war plötzlich Camilla beim Oberregierungsrat. Wir haben das Stück besprochen, die »Braut v. Madrid«. In acht Tagen sprech ich sie vielleicht wieder. Bitte, schreib mir rasch, was sie draußen erledigen kann. Sie läßt Dich herzlich grüßen und grüßt von allen Freunden. Schreib bitte auf, wie *»Hanni«*[1] *heißt und zu erreichen ist, ebenso Billeke*[2], *damit sie mit ihnen wegen Deines Gnadengesuchs sprechen kann*, worum ich sie gebeten habe. [Am Rand: Auch der Reiseleiter von Sizilien!] Schreib bitte auf, *was sie noch dafür tun kann.* Sie ist sehr hilfsbereit. Überleg Dir alles, was Dein Gnadengesuch unterstützen kann, *es ist sehr wichtig*, und schreib auch Soldaten usw. Wir haben viel von Dir gesprochen.

Ich habe Herrn Habecker gebeten, Dich am Tag der Urteilsverkündung begleiten und im Wartezimmer anwesend sein zu dürfen. Hoffentlich ist es möglich, ich würde mich sehr freuen. Und ich glaube, auch Dir wäre es eine Erleichterung, nicht? Ich weiß nicht, wie es Dir geht und wann Du Termin hast, aber ich bin ständig in Gedanken bei Dir und habe nur eine große Sehnsucht, daß Du freigesprochen wirst. Wenn es nicht sein sollte, sei ganz ruhig. Wir sind die »Weisenborns« und tragen es dann mit Fassung. Ich werde es mit Dir tragen. Sei unverzagt, mein Herzensjoyken, sei fröhlich, wie ich es bin, und hoffe auf die Zukunft. Wir werden die Zähne noch ein bißchen länger zusammenbeißen, bis alles überstanden ist. Aber wir lassen uns nicht unterkriegen, was? Das wäre ja gelacht! Vielleicht hat auch die Gnadenaktion Erfolg. Es ist kein Grund, verzweifelt zu sein, glaub es Deinem Mann. Du hast mir so herrliche, tapfere Briefe geschrieben, so einzigartige und herzenswarme, die verlang ich auch jetzt, und gerade jetzt, von Dir! Die kommen später mal in die Literaturgeschichte: Joykens Liebesbriefe, nicht, mein alter, lieber Komiker? Camilla werd ich auch einen Brief an Deine Mutter mitgeben, der sie trösten soll, unsere arme, kleine Micky. Wir haben beide viel durchgemacht, mein Mädchen, aber es hat uns nicht schwächer, sondern stärker gemacht, nicht wahr? Und was haben wir schon draußen verloren? Graues Wetter, Du wärst seit 1. Februar nach dem neuen Gesetz in der Fabrik, und viele Leute haben viel mehr Leid zu tragen. Da sollen wir auch unser Päckchen (na ja, es ist schon ein ganz schöner Packen, macht nichts!) tragen und den Kopf hochhalten, wat denn! Wir haben uns lieb, das macht stark, wenn wir auch entfernt leben. Wir wissen, irgendwo da und da schlägt ein mutiges Herz für mich und nur für mich. Und irgendwann schlagen sie wieder zusammen. Und je länger es dauert, desto schöner wird es dann sein. *Wahre Liebe zeigt sich erst in der Prüfung*, und mein Leben gehört Dir, ob im Zuchthaus, an der Front oder wo es auch sei, für immer, bis zum letzten Atemzug. Das hab ich Dir auch in der Nacht vor dem Urteil geschrieben.[3] Du wirst es später lesen, meine tief Geliebte. Wie wundervoll, daß ein Mensch sagen kann: »meine … Frau … mein … Mann«. Das ist voller Wunder und Geheimnis und macht so stark!! Beweise es jetzt, mein Mädchen, Du hast soviel seelische Kraft, jetzt kommt es drauf an! Jetzt beweisen wir uns! Was auch geschieht! Bitte, schreib, schreib, schreib mir! Ich liebe Dich und bewundere Dich im tiefsten Grund meines Herzens

und bin immer Pitt

1 Johanna Endemann, eine Teilnehmerin der Tournee. Vgl. JW an GW, 16. 4. 1943
2 Leiter der Tournee
3 Der nicht abgesandte Brief von GW an JW, 5. 2. 1943

Joy Weisenborn an Günther Weisenborn
Charlottenburg, [Februar 1943]

Mein *geliebter* Junge! Ach, ich konnte Dir bisher noch nicht schreiben, nur alle drei bis vier Wochen, obwohl mein Herz voll ist mit Liebe und tröstenden Worten für Dich, ich kann nur sagen: *mein* Junge, *mein* geliebter Mann, ich denke an Dich jede Sekunde, in der ich atme, ich lebe nur für Dich, für Dich ganz allein, was auch komme und so schwer auch alles ist. Ich brauchte natürlich mal wieder einige Tage, bis ich Deinen Brief verdaut hatte[1]. Man ist ja durch diese Zeit seelisch nicht mehr widerstandsfähig. Mein Herzensjunge, es wäre ja unsagbar schön, wenn wir uns noch mal sehen könnten, bevor Du Deine Strafe antrittst, Du mußt tapfer sein, und aus Deinen Briefen klingt es wunderbar mutig, mein Lieb, und ich werde es auch sein, und jede Minute mit Dir sein, die ich lebe, und alles tun, damit Du ein gesundes + fröhliches Joyken wiederfindest. Ich bin nur froh, daß für Dich die Zeit der Ungewißheit ein Ende hat, ich muß noch in Geduld warten, so schwer es ist. Eins steht über allem: *unsere große Liebe*. Ist das nicht wunderbar? Mein Pitt, ich mache mir große Sorgen um unsere Wohnung, ob Vater denn gar nicht zurückkommt? Dann soll er doch Fritz die Vollmacht geben, ich brauche jetzt bald andere Sachen, Schuhe von mir, denn man schickte mir welche, die zu groß sind, + meinen Regenmantel. Zu lesen hab ich nichts, schriftliche Arbeiten kann ich auch nicht machen, manchmal ist alles doch recht schwer + lange. Dein Joyken, das gewohnt ist, den ganzen Tag irgendwie tätig zu sein. Gott sei Dank bin ich nicht allein, das ist eine große Hilfe. Weißt Du, Vater könnte doch unsere Garderobe nach Zettemin schicken, oder zur Camilla, es wäre so wichtig. Mein Herzensjunge, *ich schreibe, wenn ich kann*, das kannst Du mir glauben, wenn Du nach draußen schreibst, sage es ihnen, daß ich nicht mehr schreiben kann, ja? So weh es mir tut. Oh, könnt ich Dich noch mal sehen und Dir sagen, *wie* ich zu Dir gehöre, *wie* ich mit Dir leide, ich habe alles hier in der Zelle mit durchgemacht, die Nacht v. 5. zum 6. 2.

Unvollständiger, undatierter, schwer lesbarer und nicht unterzeichneter Brief, der nach dem 18. 2. 1943 geschrieben sein muß.

1 GW an JW, 18. 2. 1943

Günther Weisenborn an Joy Weisenborn

Prinz-Albrecht-Str. 8, 25. Februar 1943

Zelle 2

Mein Joyken,

endlich erhielt ich einen Brief von Dir[1] und war tagelang glücklich! Ein schöner, tapferer Brief, der die ganze Zelle wärmte. Bitte, schreib mir, was Du den ganzen Tag treibst. Bist Du allein in der Zelle? Spielst Du Schach? Treibst Du Gymnastik? Ich hab morgens von acht bis halb neun Spaziergang. Geht es Dir gut?

Ich habe beim Kriegsgericht *Sprecherlaubnis* für uns eingereicht, damit wir uns noch mal sehn, bevor ich weg komm[2]. Wenn ich ins Zuchthaus komm, hoffe ich als letztes auf *Landarbeit*, und wenn sie noch so schwer ist. Das soll möglich sein. Aber ich *hoffe*, daß mein Gnadengesuch Erfolg hat und ich an die Front komme. Wenn es nur kein Strafbataillon ist. Ich möchte gern zur P. K.[3] Aber man wird wohl nicht wählen können.

Ich bin nicht traurig, mein Joyken. Die ganze nervöse Spannung ist nach dem Urteil verschwunden. Ich bin gefaßt und munter. Nach meinem »letzten Wort«, in dem man alles sagen darf, was man auf dem Herzen hat, dachte ich: So, ich habe alles getan, was ich konnte. Alles andere ist Sache des Schicksals. Von da ab war ich ruhig. Dein Tiroler Tuch hatte ich bei mir.

Was auch geschieht: Eines Tages sind wir wieder zusammen! Vielleicht schon bald, vielleicht dauerts. Und dann fahren wir nach B.[4] Du kriegst ein Zimmer oben neben mein Arbeitszimmer gebaut, eine Mansarde, aber wir lassen ein großes Atelierfenster nach Süden ins Dach setzen, hm? Da kommt Deine Bildhauerei rein. Und ein Balkon, der bis zu meinem Zimmer reicht für Frühstück u. Sonnenbad. Ist das nicht schön? Wo der Pfeil hinzeigt, kommen Schlafzimmer usw. hin. Unten rechts vom Eingang ein Bauerneßzimmer, dann der große acht m lange Wohnraum mit Kamin und das Badezimmer! Ich hab große und prächtige Zeichnungen gemacht. Wenn wir erst da wären! Na, wird schon werden. Wat denn! Ich sag immer: Wat denn, mein Joyken, das hilft. Versuchs! Bald ist Frühling, dann haben wir ein halbes Jahr geschafft, ging eigentlich schnell, nicht? Hast Du zu essen, brauchst Du was? Camillas Stück ist noch nicht fertig, hab ich ganz umgeschmissen, sie ist sehr zufrieden und läßt Dich ganz herzlich grüßen.

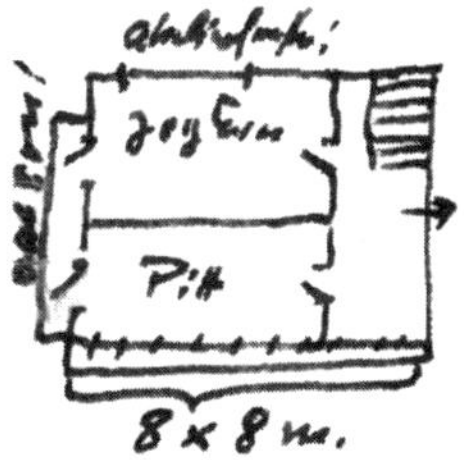

Weißt Du noch, wie wir bei Kempinski den Burgunder getrunken haben: Château Fécamp? Laß man, mein Lütting, denk nicht an draußen, das macht doch nur traurig. So, so, so, die Lieder gefallen Dir. Das freut mich. Ich habe noch mehr geschrieben seit Januar, stell Dir wieder bald ein Heftchen zusammen. Aber unserem »Wolkenlied« bleib ich treu. Draußen machen die Spatzen Radau, der Winter ist vergangen, das Schlimmste ist vorbei! Ich lese kaum noch, sondern schreibe, spinn ein bißchen vor mich hin und laufe auf und ab und rauch ein Pfeifchen und denk viel an Dich. Wenn wir uns erst draußen wiedersehn! Das wird ein Fest! Ich glaub, wir kommen vor lauter Freude kaum bei mir die Treppe rauf. Dann wird Kaffee gekocht, gebraten, gebadet, Musik gespielt und Deine Zieh erklingt! Laß man, das kommt, nur Geduld! Und daß man einen ganzen Tag zusammen sein kann, ohne daß einen jemand abführt! Und Wein trinken, und alle Kerzen an! Geduld, Geduld!

Unsere Leistung besteht darin, einen Tag zum andern zu legen und dabei fröhlich zu bleiben und gesund. Wir sammeln Tage, geduldig, bis der rechte kommt, nicht? Kleine Schicksalsfrau! meine unwiderrufliche! Du wirst so sehr geliebt! Mein helles Laternchen in der Nacht, manchmal lauf ich hier in der Zelle plötzlich vergnügt los, wenn ich an Dich denke, mein Komiker mit den schönen Goldaugen. Michael freut sich über Dich, bestimmt! Wie ich ihn kenne. Sei man ganz gelassen und ruhig, mein Joyken, was kann uns schon geschehn, solang wir uns haben, hm? Sag: Wat denn und hab mich lieb und huste allem was, nicht?

Und nun in Fröhlichkeit

Dein Pitt

[Am Rand: Laß Dir Tee schicken und statt Kaffee morgens heißes Wasser geben!]

1 JW an GW, 16. 2. 1943
2 Der Abtransport in das Zuchthaus Luckau fand erst am 16. 8. 1943 statt.
3 Propaganda-Kompanie, zuständig für die Frontberichterstattung.
4 Barning

Ich entwarf einen Plan, da ich neuerdings Papier und Bleistiftstummel besaß, und schrieb in vierzehn Tagen ein Drama »Babel« nieder. In diesen Tagen lebte ich im totenstillen Gestapokeller, ohne ein Wort zu sprechen, von der Macht des Tages in eine fast dunkle Zelle geschleudert, halbblind, aber die Arbeit verschaffte mir eine dunkelumrandete Heiterkeit, eine Art grimmigen Ausgeliefertseins an die Welt. Ich vergaß Europa, den Krieg und meine eigene elende Lage.

Es wurde nicht mein Schwanengesang. Das fertige Drama kam mit meinen übrigen Sachen in einen kleinen Handkoffer, ruhte jahrelang in der Kleiderkammer des Zuchthauses Luckau, und nach der Befreiung galt meine erste Suche dem Manuskript. Tabak und Pfeife waren verschwunden, aber das Manuskript war unversehrt. Und ich nahm es mit, als ich auf einer überfüllten Lokomotive nach Berlin fuhr.

Aus: *Memorial* 90, S. 104 f.

Günther Weisenborn an Joy Weisenborn
Prinz-Albrecht-Str. 8, 4. März 1943

Mein Joyken,
jetzt sind es schon wieder über 14 Tage, daß ich kein Lebenszeichen von Dir habe, hoffentlich bekommst Du meine Briefe wenigstens! Das ist nicht schön, daß die einzige Freude, die man haben könnte, auch noch ausbleibt. Aber ich hoffe jeden Tag, daß ein Brief kommt und mir sagt, daß es Dir gut geht. Bei dem Alarm hab ich sehr an Dich gedacht. Hoffentlich hast Du keine Angst gehabt. Da liegt sie nun und muß ganz allein mit allem fertig werden. Aber das wirst Du auch, nicht? Du hast ja Dein Leben immer allein gemeistert, tapfer und klug, da wirst Du es jetzt ja bestimmt können, nicht?

Eine wunderbare Schachpartie hab ich im Dufresne entdeckt: Nr. 36 zwischen Bird und Morphy, die mußt Du nachspielen, und dann studier Endspiele, die sind wichtig. Ich spiel dauernd mit Dir, Du hast Weiß und gewinnst natürlich auf Deine verwegene Art, daß ich platt bin. Ach, mein liebes, liebes Joyken, weißt Du noch, wie wir in Gurgl Schach gespielt haben und wie Du Schwimmen gelernt hast und Tauchen in der Brandung? Und wie Du zum erstenmal ums Boot geschwommen bist?

Gestern bekam ich ein Paketchen, ich weiß nicht von wem, nehme an von Erika. Wenn Du zum Prozeß gehst, schreib Dir vorher alles Entlastende in Stichworten auf und gib es dem Verteidiger, damit er etwas von Dir erfährt. Denn es besteht die Möglichkeit, daß Du ihn vorher gar nicht siehst, wie es mir gegangen ist. Auch alles, was Du ihn fragen willst wegen Gnadengesuch, Sprecherlaubnis usw., damit Du nicht nachher in der Zelle sitzt und nicht Bescheid weißt. Und hab keine Angst, das Gericht ist fair.

Ich denke in diesen Tagen dauernd an Dich, das Quälende ist, daß ich gar nicht weiß, wann Du drankommst usw. Hoffentlich, hoffentlich hast Du Glück, mein einziges, geliebtes Wesen! Aber wenn Du verurteilt wirst, so halt den Kopf hoch und laß Dich nicht unterkriegen, nicht? Gerade im Unglück zeigen wir, daß wir unser Glück verdient haben. Das Schlimmste, der Winter mit seiner Trostlosigkeit, ist ja vorüber, jetzt ist mal ne ganze Weile Sommer, und danach ist schon *ein Jahr* um! Das geht so rasend schnell, nicht? Und dann denk daran, daß der alte Weisenbornsche Humor und der Schnabelsche[1] zusammen eine gute Mischung geben. Wat denn!

Und schließlich hab ich Dich so unheimlich lieb, daß ich gar nicht weiß, wo das noch hinführen soll. Es ist direkt gut, daß wir uns ne Weile nicht sehen, jawoll. Unsere Ehe wird dadurch so gefestigt, wie das nie möglich gewesen wäre. Die hält dann aber auch. Ach, meine Geliebte, in unserer Viertelstunde bist Du immer mit Deiner Schönheit in meiner Zelle, ich unterhalt mich dann mit Dir und sag: Mein Joyken, und Du sagst dann ganz leise: Mein Pitt, und dann geb ich Dir einen sanften, kleinen Kuß auf Deinen schönen Mund, und dann haben wir beide wieder Mut, nicht? Was auch geschieht, ich bin stets bei Dir! Und nun in Fröhlichkeit

Dein Pitt

1 JW heißt mit Mädchennamen Schnabel.

Joy Weisenborn an Günther Weisenborn
Charlottenburg, 9. März 1943

Mein liebster, liebster Junge!
Erst jetzt darf ich Dir wieder schreiben, nach drei Wochen! Es ist für Dich wie für mich so traurig, gerade jetzt, wo ich Dir soviel Tröstendes und Liebes schreiben möchte. Oh, Herzensjunge, die Zeit ist hart, aber wir müssen hindurch. Deine Briefe bekomme ich alle, und sie sind mir *alles*. Was ich nach Deinem Brief vom 18. 2. durchgemacht habe, kannst Du Dir denken, ich habe alles mit Dir erlebt, ich hatte auch während der Zeit eine Ahnung, daß etwas mit Dir war. Mein *geliebter* Junge, es ist so schwer, auf ein dummes Stück Papier zu schreiben, was in mir vorgeht, das *Eine* ist *gewiß*, ich leide mit Dir und bin bei Dir bei jedem Atemzug. Oh, wenn ich Dich nur noch mal sehen könnte und Dir sa-

gen dürfte, wie sehr ich Dir gehöre, nur Dir bis zum letzten Atemzug. Nun ist wenigstens für Dich die quälende Ungewißheit vorbei, ich bin ganz tapfer, wenn ich weiß, mein Pitt ist es auch, was auch komme, und aus Deinen Briefen spricht soviel Hoffnung und Mut, wir müssen füreinander den Kopf hochhalten, wenn es auch manche Stunden gibt, die sehr, sehr dunkel sind. Ich bin gespannt, was Du auf Dein Gnadengesuch hörst. Deine Ratschläge werde ich alle befolgen. Schreibe mir bitte, solange Du kannst und darfst, und sei nicht zu traurig, daß ich nicht öfter schreiben kann, ich hab getan, was ich konnte. Du bist *nie, nie, nie* allein, ich bin *immer* bei Dir, und das weißt Du. Ich kann Dir ja nicht sagen, wie ich Dir für all die Lieder danke, und heute wieder der »Spatzengruß«[1]! Wenn nur auch für mich erst alles klar wäre und ich Gewißheit hätte. Zu allem kommt jetzt noch der Alarm. Sobald die Sirene gellt, komme ich zu Dir geflogen und kuschle mich an Dich, es war ja kein Spaß das letzte Mal. Ich mache mir große Sorgen um unsere Wohnung. Kommt Vater denn wohl gar nicht mehr zurück, kannst Du ihm mal schreiben, daß er all unsere Kleider nach Zettemin schicken soll, wär doch, glaub ich, besser. Ich habe nichts mehr zu lesen noch sonst eine Abwechslung, und ich weiß manchmal nicht wohin vor Gedanken, dann rase ich in der engen Zelle hin und her. Mein Schuh, der Gummisohlen hat, ist durch die Kurve, die ich täglich 100–200mal mache, bis zur Brandsohle durch, er sieht so traurig aus. Ich streiche jeden Tag wie ein Kind vor Weihnachten die Tage aus, einmal muß es ja vorübergehen. Ich habe Dir nun in diesem Brief noch mal alles gesagt, wie es in mir aussieht, »Wer in der Zelle sitzt, der lernt Geduld!«[2]

Bleib gesund! Sei nicht traurig! Ich kann ohne Dich nicht mehr leben! Sieh nur in die Zukunft, *unsere* Zukunft mit Sonne, Barning, Michael und Klein Joyken. Was Du auch an Arbeit tun mußt: ganz egal, nur *Arbeit*! Lieber zwölf Stunden schuften, als hier wie eine Drohne sitzen.

Liebster, Liebster, Liebster, ich nehme Dich in meine Arme und lasse Dich nie wieder los, es liebt Dich niemand so wie

Dein Joyken

1 Gemeint ist das Gedicht *Spatzengruß*.

Spatzengruß

Heut morgen haben zwei Spatzen
mich aus dem Schlaf gestört:
Sie sollten mich grüßen vom Joyken,
ich hab es deutlich gehört.

Dann stritten sie sich ganz gehörig
und schrien, bald sei wieder Mai
und das mit der Haft und so weiter,
das alles ging auch bald vorbei!

Ihr habt gut froh sein da draußen,
hab ich hinter Gittern gedacht.
Wir haben sie gesehn, so schrien sie.
Da hab ich natürlich gelacht!

2 Zitiert nach dem *Liedchen gegen die Tränen* (vgl. S. 83).

Günther Weisenborn an Joy Weisenborn
Prinz-Albrecht-Str. 8, 11. März 1943

Mein innig geliebtes Joyken,
schon wieder ist eine Woche herum, und ich weiß nichts von Dir. Deinen letzten Brief hab ich vorm 16. 2. erhalten, also vor drei Wochen. Hast Du inzwischen Termin gehabt? Ich denke dauernd daran, wie es Dir gehen mag, und hoffe fest, daß Du in jedem Fall tapfer bist und den Humor behältst, nicht? Na wat denn! Mein Joyken … Was hältst Du davon, wenn unsere Sachen wegen der Luftgefahr nach Barning gebracht werden? Ich habe Vater darum gebeten, auch zu kommen und Sprecherlaubnis zu beantragen. Camilla H. könnte als Untermieterin bei uns auf Abruf einziehen, so daß wir die Wohnung behalten und die Miete bezahlt wird. Ich sehe sie noch in dieser Woche beim Oberregie-

rungsrat. Er sagte mir, daß er auch Dich mal kommen lassen will, mein Lütting, ich hab Dich so sehr lieb und sehne mich danach, Dich wiederzusehn, Deine letzten Briefe lese ich jeden Tag, besonders den Neujahrsbrief und den letzten. Von Deinen Sachen sollen nur ein bis zwei Kleider, etwas Wäsche und Schuhe in Berlin bleiben. Ist Dir das recht? Die Zieh auch nach Barning oder zu Erika? Vater soll den großen Raum und das obere Zimmer notdürftig einrichten und einen Garten anlegen, nicht? Ich schreib ihm so, dann haben wir einen Zufluchtsort, sowie der Vertrag unterschrieben ist, und eine Wohnung, in der unsere Sachen nicht gefährdet sind. Einverstanden? –

Wenn Du hierhin geholt wirst, frag doch bitte, ob Du mich einen Augenblick sehen kannst, es wäre wunderbar. Hast Du zu lesen und zu essen? Ich denke immer, was Du jetzt in diesem Augenblick wohl treibst. Um sechs abends fühle ich ganz deutlich, daß Du an mich denkst, wie ich es tue. Unsere Brücke: 6–6^{15}. Auch früh vor sechs liege ich immer lange und denk an Dich und wie wir später in Barning arbeiten werden und leben und jeden Morgen in der Ostsee schwimmen. Du bildhauerst in Deinem Studio, und ich schreibe nebenan, und ringsum ist der Ostseewind und die Sonne, die Du so liebst. Wenn ich Dir nur bei dem Prozeß beistehen könnte! Es ist bös, daß wir nicht zusammen Termin haben. Ich bin nervös, weil ich nicht weiß, wie es Dir geht und wie Du Dein Urteil aufnimmst. Es ist ja nur eine Zeitfrage, mein Schätzlein. Sieh mal, wir haben uns jetzt bereits sechs Wochen wieder nicht gesehn. Geht das nicht sehr schnell? Und das ist schon ein Achtel von einem Jahr! Wenn Du hierhin geholt wirst, frag doch auch wegen Deines Gnadengesuchs, wie Du es schreiben kannst usw. und was es für Möglichkeiten für Dich gibt. Mein Joyken, es wird schon alles gut gehn, behalte Deinen alten wunderbaren Optimismus und deinen strahlenden Humor, was auch geschieht! Ich sitze bei Deinem Termin unsichtbar neben Dir und halte Deine Hand. »Werd nicht weich, alter Junge« … Zuerst wirst Du eine Menge gefragt, dann spricht der Staatsanwalt, dann Dein Verteidiger, und zum Schluß hältst Du Deine Rede, Dein letztes Wort. Darin kannst Du alles anführen, was für Dich spricht. Hoffentlich höre ich bald von Dir in diesen entscheidenden Tagen unserer Ehe.

Es ist bitter, wenn man als Mann hilflos daneben steht. Das einzige, was übrig bleibt, ist die feste Hoffnung auf die Zukunft. Wir haben neben dem Bösen auch manches innerlich gewonnen, nicht, meine Geliebte? Und wir werden mit ganz neuer Kraft unsere Zukunft anpacken. Lies unsere Lieder noch mal alle und sing sie ein bißchen durch, ganz leise. Und sei unverzagt, mein Kamerad, Du hast ein helles, leuchtendes Herz, das meine ganze Freude ist! Sei tapfer, Du wirst so sehr geliebt. Du bist begabt, schön und mutig und Teil einer Ehe, die stärker macht und fröhlicher. Ich denke immer, immer mit abgezogenem Hut an Dich und bleibe immer Dein Pitt

Bist Du allein in der Zelle? Bekommst Du Zeitungen?
Kannst Du rauchen?

Günther Weisenborn an Joy Weisenborn
Prinz-Albrecht-Str. 8, 25. März 1943

Mein Joyken,
ja, hier ist der Brief. Du hast sicher schon lange darauf gewartet, aber vergangene Woche habe ich einen Brief an Vater geschrieben, und Dir konnte ich ja rasch einen Gruß und Zigaretten, Tee, Papier und Brükkenliedchen[1] schicken. Hast Du Dich gefreut? Es ging, weil ein Beamter bei uns in der Wohnung war, um mir die Schreibmaschine zu holen. Er fand sie nicht, brachte Dir jedoch die Schuhe mit. Ja, ich bekomme die Schreibmaschine, um das Stück abzuschreiben. Vater habe ich gebeten, alle unsere persönlichen Sachen nach Barning zu schicken (Kleider, Schuhe, Radio, Zieh, Platten, Bettzeug usw.). Nur für jeden etwas zum Anziehn dazulassen. Wenn Du noch Wünsche hast, *schreib sie mir bitte.* Er soll auch unsere Sachen, die wir nicht brauchen, hier abholen, es wird zuviel. Ferner hab ich ihn gebeten, den Vertrag wegen Barning zu machen und zwei Zimmer provisorisch einzurichten. Er wird wieder viel Last haben damit, der Arme. Camilla hab ich inzwischen noch nicht gesehn, aber ich hoffe jeden Tag darauf. Der Regen-

mantel war in einem verschlossenen Schrank, darum ist er noch nicht mitgekommen, aber ich habe Vater alles geschrieben. Auch wegen der Empfehlungen Billeke, Reiseleiter usw. läuft alles. Mir geht es gut, nur der Magen meldet sich manchmal ein wenig.

Ja, mein Schätzlein, ich sitze hier gebadet und rasiert, rauch mein Pfeifchen, arbeite (dieser Füllhalter ist schon ganz abgenutzt, merkst Du's?) und spinn ein bißchen vor mich hin. Und dauernd hab ich den Adagio-Satz aus der 5.[2] im Kopf, den pfeif ich. Dann spiel ich Schach und spiel die Partien aus dem Dufresne ab. Tu das auch, sie sind gewaltig. Nur muß man *zuerst* selber überlegen, welchen Zug man machen würde, *und dann* ins Buch sehn.

Oder ich les im Shakespeare oder in Goethes Spruchweisheit. Lies die Eckermanngespräche, die Du bekommen hast, langsam. Sie sind wundervoll.

Sonntag war Frühlingsanfang und für mich ein besonderer Tag, weil meine Mutter Geburtstag hatte. Und Freitag haben wir genau ein halbes Jahr seit unserer Verhaftung hinter uns. So lang waren wir noch nie auseinander, mein kleines, gefangenes Joyken, aber wir haben uns auch noch nie so lieb gehabt, nicht? Ich hab gebeten, sie sollen Dir irgendeine Sprachlehre (ital., span.) schicken und ein Buch über Zimmergymnastik. Hoffentlich ist Deine Zellennachbarin[3] eine nette Frau. Da hast Du wenigstens jemand, mit dem Du sprechen kannst. Manchmal denke ich mir, wie schön das wäre, wenn wir in derselben Zelle lägen, mein Liebes, da würden wir erzählen und lachen, nicht? So aber sitzt man einsam und wünscht Dir schöne Gespräche. Bring ihr doch Holländisch bei oder macht Dauerlauf zusammen, ich laufe jeden Tag ein paarmal, sonst kriegt man weiches Fleisch. Ich leide nicht unter der Einsamkeit, ich hab eine Menge zu denken, nur Bewegung fehlt mir sehr. Und Du! An Dich darf ich bei Bewegung gar nicht denken, Du bist ja solch ein Quecksilberchen gewesen, aber Du wirst Dich auch einstweilen umgewöhnt haben, nicht? Das Verzichten haben wir ja inzwischen wirklich gelernt, aber bei einem nicht, bei dem Gedanken an uns. Ich merke immer mehr, daß eine Ehe ein richtiges Lebewesen für sich ist, das auf zwei Beinen läuft und sehr anspruchsvoll ist, ein richtiges, stärkendes, sehr innerliches Wesen. Früher hab ich immer geglaubt, sie sei eine bürgerliche Notwendigkeit, jetzt aber hab ich gelernt, daß sie die Erfüllung des Menschen ist, wenigstens bei uns. Ich hab viel drüber nachgedacht, und sonderbar, ob ich an Dich mit dem Gefühl herangeh oder mit dem Verstand oder mit wer weiß was: Ich hab Dich immer lieber. Ich staune manchmal darüber und werde dann ganz warm und glücklich im Herzen. Je mehr die Welt von außen uns kalt und unfreundlich entgegentritt, desto mehr heizen wir von innen dagegen, nicht? Ich heize bei Dir ein in unserer Viertelstunde und Du bei mir. Wenn man geliebt ist, ist alles viel leichter. Und Du wirst so sehr geliebt, wie ich nie eine andere Frau geliebt habe. Mir ist, als wenn das alles bloß Vorbereitung gewesen ist. Warum hab ich Dich nicht früher kennengelernt? Meine Liebste, von außen gesehn sind wir unglücklich, von innen her glücklich, das hebt sich auf und ergibt Gleichmut, ruhigen, fröhlichen Gleichmut, und den halte fest, ja? Damit erfreust Du Deinen Pitt und mit allem, was Dich stärker macht. Mein ganzes Glück hängt von Deiner Fröhlichkeit ab, und ich glaube, da darf ich glücklich sein, nicht?

Ja! *Pitt*

1 Text siehe S. 63 f.
2 5. Sinfonie in c-moll von Ludwig van Beethoven
3 Käthe Frey, eine Jüdin, die in Paris im Widerstand gearbeitet hatte. Die gegenseitige Zurückhaltung war zunächst zwischen beiden Frauen groß, zumal in derselben Zelle ein Gestapo-Spitzel auf Libertas Schulze-Boysen angesetzt worden war, die mit Hilfe von Alkohol die ahnungslose Gefangene ausgehorcht hat. Bald jedoch entwickelte sich ein gutes Vertrauensverhältnis (»Vor dem Einschlafen spielten wir immer Essen-Gehen«). Käthe Frey wurde später nach Auschwitz deportiert.

Joy Weisenborn an Günther Weisenborn
Charlottenburg, 31. März 1943

Mein geliebter Pitt! *Mein* Junge! Oh, war das eine Freude gestern abend, ich lag schon auf meiner Matratze (ich schlafe nämlich auf dem Boden), als Dein lieber, so sehnsüchtig erwarteter Brief[1] kam. Mein Lieb, ich bin ja so glücklich, daß Du so tapfer bist, und Deine Briefe geben mir soviel

Trost in dieser dunklen Zeit. Du sorgst so für mich, ich bin Dir so dankbar, denn ich bin hier ja vollkommen abgeschlossen von allem, die einzige Verbindung bist Du, Du glaubst nicht, wie ich den Tag herbeisehne, an dem ich Dir einen Brief schreiben darf. Ich möchte Dir Seiten noch und noch schreiben, aber das geht nicht, und so kann ich Dir nur immer wieder sagen: *Ich bin bei Dir! Immer!* Wohin Du auch kommen magst. Oh, wenn die Sehnsucht nach Dir nur nicht so weh täte, Dich nur noch einmal wieder in den Arm nehmen können, ich würde wieder eine Zeitlang aushalten. Du hast mir ja mit dem Päckchen eine dolle Freude gemacht, mein Herzensjunge, seit Monaten hatte ich keine Zigarette mehr geraucht und hatte doch oft solch ein Verlangen, und den Tee haben wir hier zum Frühlingsanfang getrunken, es war ein Getränk des Himmels. Ja, verzichten lernt man hier. Und die »Brücke« war wundervoll, das sind wertvolle Dichtungen fürs Leben. Nun ist schon bald Ostern, und über mir schwebt immer noch die Ungewißheit, ich muß Dir sagen, daß das sehr an meinen Nerven zieht. Du weißt, wie wenig ich mit der ganzen Angelegenheit zu tun hatte, was soll ich vor dem Kriegsgericht, ich habe wirklich nicht damit gerechnet. Das einzige, was mich hält, ist die Hoffnung auf unsere Zukunft mit Dir, mein geliebter Mann, in Barning. Ach, und wenn dann endlich mein Traum in Erfüllung gehen wird und ich ein Atelier bekommen werde, wo ich von Herzenslust modellieren kann! Wann wird das sein?! Wann wird die dunkle Wolke mal vorübergehen? Wann werden all die Träume von Freiheit, Sonne und Musik wahr werden können? *Wann?! Wann! Wann?* Noch sausen die Bomben abends um uns herum, und ich höre Dich mit ruhiger Stimme sagen: »Nur ruhig, mein Joyken, alles ist Bestimmung!« Und dann lehne ich mich an Dich. Ach ja, wenn ich nur bei Dir sein könnte, *ich sehne mich so*. Mein Junge, ich denke nachträglich an den Geburtstag Deiner Mutter, jetzt bin *ich* Deine Mutter, ja? Hast Du mal an Micky geschrieben? Sie hat so lange nichts mehr von mir gehört, weil ich ja nicht schreiben kann. Weißt Du, die Zeit vor Weihnachten ging doch schneller vorbei, da gab es Sprechstunde[2], und nun vergeht ein Tag wie der andere. Die Bücher habe ich gelesen und lese sie immer wieder, weil ich ja sonst nichts habe. Vom Vater habe ich seit Januar nichts mehr gehört, ich konnte ihm doch nicht danken für das Paket, er muß das doch verstehen. Ich mache mir große Sorgen um die Wohnung, wenn Vater nicht kommen kann, so soll er doch Fritz die Vollmacht geben, es wird jetzt wirklich höchste Zeit, daß die Sachen fortkommen. Du sorgst so lieb für alles, ich möchte so gerne helfen, aber ich kann nicht. Auch daß Du die Sache mit Billeke geregelt hast, da ist noch der Erwin Eckersberg von der Berliner Tournee im Januar, auch vom Veranstaltungsdienst, der kann auch noch helfen. Ich lege einen Zettel bei, was ich alles brauche. Ob Camilla Horn unsere Wohnung beziehen wird? Es wäre die beste Lösung. Und ob es mit Barning wirklich klappen wird? *Ach Junge, mein Pitt*, ob denn nicht mal eine Sprechstunde genehmigt wird? Mein Herz ist oft überschwer vor Sehnsucht. Ich denke auch außerhalb der Brücke jede Sekunde an Dich, nun sind es noch 908 Tage, und dann … gehen die Türen für Dich auf … ich stehe draußen mit ausgebreiteten Armen, und wir gehen trunken vor Freude in unser Heim. Ich lebe nur für diesen Augenblick, und ich werde *alles* tun, Dir eine sonnige Zukunft zu schaffen, *noch* schöner als die Zeit, die wir schon miteinander verleben durften. *Ich werde durchhalten*, was auch geschehe, und ich werde auch meinen Frohsinn nicht verlieren, es ist ja für Dich, und das lohnt sich! Dann werden wir wieder zusammen Romane schreiben, Theaterstücke und Filme, ach wird das schön werden! Nur Dein Magen macht mir große Sorgen, kannst Du nicht mal zum Arzt gehen, denn wenn Du wieder ein »Ulcus« bekommst, das könnte in dieser Situation sehr gefährlich werden. Mein Magen ist auch durchaus nicht in Ordnung. Sonst befolge ich Deine Ratschläge gewissenhaft. Eine Sprachlehre wäre herrlich, ob der Gamm[3] nicht mal eine Schachtel Zigaretten für mich hat? Zeitungen bekomme ich auch nicht. Doch nun noch mal zu Dir ganz allein, mein Pitt, bleib weiter so tapfer, ich bin stolz auf Dich, es geht *alles* vorüber, es geht *alles* vorbei!! Du hast recht, es ist alles leichter zu ertragen, wenn man geliebt wird, und das bist Du, und das bin ich. Nun muß ich wieder für drei Wochen Schluß machen, aber diese drei Wochen haben 3240 Sekunden, in denen ich nur an meinen Pitt denke.

Was auch geschieht: Wir lieben uns in Ewigkeit.

Dein Joyken

Neben diesem Brief existiert ein zweiter Brief, datiert vom 30. 3. 1943, der fast identisch ist und anscheinend lediglich eine sog. Schreibübung darstellt, zumal er nicht die Spuren eines abgeschickten Briefs aufweist.

1 GW an JW, 25. 3. 1943

2 GW und JW hatten sich seit dem 28. 1. nicht mehr gesehen. Besuchserlaubnis wurde nicht mehr erteilt.

3 Freund von GWs Vater

Günther Weisenborn an Joy Weisenborn
Prinz-Albrecht-Str. 8, 1. April 1943

Mein Joyken,
ich warte seit Tagen auf Deinen Brief. Es ist furchtbar, so lange nichts vom anderen zu hören. Hoffentlich geht es Dir gut. Mir geht es gut. Vorige Woche war Vater plötzlich da und brachte mir die Schreibmaschine. Ich war glücklich, ihn zu sehen, aber unglücklich, Dich nicht zu sehen. Er läßt von allen herzlich grüßen. Er will auch nach Barning fahren und die Sachen wegbringen. Nun ist ein neuer Erlaß herausgekommen, und es wäre wirklich gut, wenn wir uns über alles mal aussprechen könnten, auch, welche Sachen von Dir hier bleiben sollen usw. Über meinen Antrag auf Frontbewährung habe ich noch nichts gehört, aber sie kümmern sich wohl draußen um uns beide …

Ach, mein Joyken, ich habe so große Sehnsucht nach Dir und weiß nicht, ob Du nun Termin gehabt hast oder nicht und wie es Dir geht. Meine Hoffnung ist ja immer noch, daß Du nicht vor Gericht kommst. Aber wenn es geschieht, so denke dran, daß ich dann bei Dir bin und Dich niemals allein lasse, wo Du auch bist und was Du auch erlebst. Wo Joyken steht, da steht auch ein unsichtbarer Pitt gleich dabei, wo Joyken in Not ist, da nimmt ein unsichtbarer Pitt Deinen Arm und sagt: Na na, meine kleine Schicksalsfrau, nun mal n' büschen Kopf hoch, nich? Meine Toots, meine Einzige, wir werden doch zusammen noch mit einer Wucht Unglück fertigwerden, nicht wahr, wo wir doch mit soviel Glück spielend fertiggeworden sind. Eines Tages brennen die Kerzen wieder auf unserem Glastisch, und Blumen und das Essen in schönem Porzellan mit den Blüten und Silberbestecke, und der Rotwein steht auf dem Tisch, und wir legen unser »Heimweh nach Virginia« auf. Sei getrost, mein Herzensjoyken, es wird eines Tages so sein! Hab nur Mut und warte geduldig, ja?

Camillas Stück steht jetzt im Rohbau, ich glaub, es ist wirklich gut geworden. Ich hab es abgetippt und bin jetzt gespannt, ob sie noch viel zu ändern hat. Es ist eine Bombenrolle für sie geworden. Hoffentlich gefällt es ihr so. Ich habe mir viel Mühe gegeben. Auch sonst arbeite ich ziemlich viel, ich hab ein Requiem[1] geschrieben und bin an einem neuen Stück[2], außerdem eine Betrachtung über die Sprache[3] und über Geschichtsauffassung[4]. Nur, daß ich alle paar Wochen nur von Dir höre, das quält mich ziemlich. Ach, mein Joyken, schon werden die Briefe eingesammelt, ich muß mich beeilen, dabei habe ich Dir noch soviel zu sagen. Ich habe Vater gebeten, das Segelboot zu verkaufen, das Auto will Herr Zweck zurückkaufen. An Herrn Treichel[5] hab ich auch geschrieben, wir kaufen nur Haus und Hof, aber nicht das Land. Ist Dir das recht? Zehn Morgen können wir abtreten. Ich weiß ja nicht, wie Du Dir das denkst. Wenn man doch nur einmal kurz mit Dir diese wirtschaftlichen Dinge besprechen könnte. Ich denke, daß wir alles nach Barning schaffen und die Wohnung hier untervermieten. Der Brief an Deine Mutter ist am 26. raus. Auch der an Fritz. Malene[6] schickt mir ab und zu ein Päckchen, sie ist prächtig!

Ach, mein Herzensjoyken, sei tapfer und fröhlich, mach Dauerlauf in der Zelle wie ich, lange! Wegen des Herzens! Spiel Schach und hab Geduld! Überwinde Traurigkeit und Leid, damit Du ohne Knacks wieder herauskommst. Daran erkennt man die Starken, und Du bist stark! Vielleicht geht alles gut, und Du mußt dann draußen gesund sein. Ich bin auch munter und gesund, bin jetzt ein halbes Jahr allein. Ob ich noch sprechen kann?[7] Aber mit Dir brauch ich nicht zu sprechen, Geliebte, wir fühlen uns … Wir haben ein gegenseitiges Herz. Und nun in Fröhlichkeit

Dein Pitt

1 *Berliner Requiem*. Geschrieben für 14 Schauspieler und Chor. Berlin: Aufbau Verlag 1946. 46 S.

2 Wahrscheinlich *Babel*. Schauspiel vom Glanz und Untergang eines Reichen dieser Erde. In 3 Akten. (Nach 1945 überarbeitet.) Uraufführung 1947 in Konstanz.

3 *Betrachtung über die Worte* (Aufsatz), hs. 6 Bl, 8 S. sowie *Betrachtung über die Sprache. Von der Verän-*

derbarkeit der Wörter (Aufsatz), masch. mit hs. Korr. 10 Bl, 10 S. Beide Originale befinden sich in der Akademie der Künste, Berlin.

4 *Bemerkung über Geschichtsbetrachtung in Querschnitten* (Aufsatz), Berlin, März 1943, hs 5 Bl, 3 S. Ebenfalls in der Akademie der Künste, Berlin.

5 Besitzer des Bauernhauses in Barning

6 Magdalene, JWs älteste Schwester

7 Vgl. *Memorial* 92, S. 110 f. (siehe unten)

Die Tür flog auf, ich sah eine Menge Männer zwischen den Betten sitzen, es war die große Sammelzelle des Gestapokellers. Der Stubenälteste zeigte mir mein Bett, und dann fingen sie an, mich zu fragen. Ich war wie betäubt von den vielen Menschen, dieser warmen menschlichen Ausdünstung, den vielen durcheinandersprechenden Männern. Ich antwortete ziemlich abwesend: »Von nebenan komme ich, aus der Einzelzelle.«

»Wie lange warst du da?«

»Neun Monate.«

»Neun Monate Einzelhaft?«

»Ja.«

Es mußte ihnen viel vorkommen, und es war hinterher betrachtet wahrscheinlich eine ganze Menge Zeit, aber ich war ohne jede Störung allein gewesen mit meinen Gedanken. Ich hatte in einer ganz besonderen Welt gelebt, die Zelle war übervölkert gewesen mit den Fragen, Konflikten und Gestalten meines Kopfes. Ich hatte eine Unmenge erlebt, und ein anderer hatte heute die Zelle verlassen als jener, der sie einst voller Schrecken betrat.

»Mensch, du sprichst ja so komisch!«

Wir lachten alle. Ich war verlegen. Es machte mir wirklich das Aussprechen der Worte ein wenig Schwierigkeit. Es dauerte in Wirklichkeit nicht mehr als einige Minuten, bis die Zunge wieder ohne Mühe ihre Arbeit aufnahm. Das war mir eine interessante Tatsache. Ich hatte neun Monate mit geringen Ausnahmen geschwiegen. Etwa dreitausend Kilometer hatte ich nach meiner Schätzung in meiner Zelle während jener Zeit zurückgelegt. Es ist eine sonderbare Erfahrung, wenn man zweihundertsiebzig Tage auf sich allein angewiesen ist, ohne Rat, ohne Zuspruch, ohne Wort. Jedes Argument, jede Wallung hast du in dir selber zu erledigen. Und ohne Zunge.

Aus: *Memorial* 92, S. 110 f.

Günther Weisenborn an Joy Weisenborn
Prinz-Albrecht-Str. 8, 8. April 1943

Mein Joyken,
ich hab mich mächtig über Deinen tapferen Brief[1] gefreut, er war so warmherzig und hell wie ein Öfchen. Nun noch etwas ganz Schönes, worüber Du an die Decke springen wirst: Wir bekommen Sprecherlaubnis! Der Regierungsdirektor hat es erlaubt, ich freu mich schon seit Tagen darauf! Endlich!! – *Vielleicht* darfst Du auch öfter (alle acht Tage) schreiben, *wenn* es die Hausordnung bei Euch zuläßt! Also, wenn das keine guten Nachrichten sind, mein Schätzlein, dann gibt es keine! Das macht Dir doch sicher neuen Mut, nicht? Ich freu mich sehr!! Und was Deine Ungewißheit angeht, so soll sie Dir lieber sein als eine häßliche Gewißheit, glaub es mir. Micky hat einen lieben Brief von Dir bekommen, den ich an Deiner Stelle ihr geschrieben hab. Sie wird zufrieden sein, auch an Fritz hab ich geschrieben. Und mein Magen ist wieder ganz in Ordnung!

Camillas Stück ist fertig, hoffentlich gefällt es ihr so, sonst ändere ich es. Ich hoffe, sie in der nächsten Zeit zu sprechen. Das Manuskript hat sie schon. Ich bin sehr gespannt. Was wir mit unserer Wohnung und den Sachen anfangen, wollen wir dann zusammen besprechen – Vater wird auch da sein –, auch was mit Barning wird.

Du siehst, der Winter ist vorbei, bald ist es Mai! Meine ganze Hoffnung ist, daß ich bald Soldat werde. Hoff ein bißchen mit, meine Liebste, das hilft. Und ich hoff mit Dir, daß der Kelch an Dir vorübergeht. Wir müssen warten. Und das haben wir ja gelernt, nicht, mein Herzenskamerad? Beweg Dich nur viel, mach fünf- bis sechsmal am Tag Dauerlauf. Du mußt frisch und hübsch die Zelle verlassen, das ist eine Leistung! Ich bin auch nach allen Stürmen heiter, rauch mein Pfeifchen und arbeite. Unser Tippmaschinchen klappert fröhlich, und ich spreche mit mir selber, wie ich neulich gemerkt habe. Ein Wachtmeister sagte neulich: Seht Euch den »Zweier« an (das bin ich), der ist immer vergnügt! Und wenn eine dunkle Stunde da ist, geh ich mit dem Hammer ran und zerschlag sie.

Wir haben noch soviel vor; was ich bisher geschrieben hab, sind nur Vorarbeiten. Die Hauptsache kommt noch, ich habe eine Menge herrlicher Arbeitspläne hier entworfen! Die werden wir in Barning eines Tages ausführen, nicht? Manchmal besuch ich Dich in Deinem Atelier, wo Du bildhauerst, und dann gehen wir an den Strand, und die Kinder rennen vor. Ach, mein Joyken, ich warte so sehr auf »uns«. Wir sind jetzt vier Jahre zusammen, aber das ist, als ob man ein Glas Wein ansetzt. Wir haben noch gar nicht zu trinken angefangen. Es bleibt noch soviel Freude für uns. Wir müssen uns eben im Leid schon heimlich auf die schöne Zukunft innerlich vorbereiten, wir müssen sie uns verdienen, durch Tapferkeit. Ja, behalte Du Deinen Frohsinn, den ich so sehr liebe an Dir, und Deine goldbraunen Augen und Deine hübschen Hände. Bald sehen wir uns ja wieder! Dann geht es wieder eine Weile, nicht? Mein Joyken, diesmal sag ich: Auf Wiedersehn! Ich freu mich unbändig darauf. Ich bin immer mehr

Dein Pitt

Ich hab immer den Adagio-Satz aus der 5. im Kopf. Geht es Dir auch so?

1 JW an GW, 31.3.1943

Günther Weisenborn an Joy Weisenborn
Prinz-Albrecht-Str. 8, 13. April 1943

Mein Joyken,
es war einer der größten Festtage meines Lebens, gestern! Mein Mädchen, ich hab mich so unendlich gefreut, daß Du endlich frei warst[1]!! Es war aber auch Zeit! Ich hatte es im Gefühl, ich hab den ganzen Tag gestern in der Zelle gelacht, getrommelt und gepfiffen! Und die Nacht kaum geschlafen! Und heute ist Dein erster Tag in der Freiheit! Ich bin immer in Gedanken dabei! Muß das herrlich sein, Kaffee zu trinken und ein richtiges Bad. Heut mittag habt Ihr sicher alle um den Tisch ge-

sessen und etwas Gutes gegessen! Und erzählt! Und jetzt ist es gleich drei Uhr, da legst Du Dich sicher ein bißchen aufs Ohr. Es muß Dir ja alles wie ein Traum vorkommen.

Steht sie da plötzlich im Keller am Lift, totenblaß mit großen, glänzenden Augen und flüstert: Pitt, ich bin frei … Das werd ich im Leben nie vergessen! Das war, als ob ein Staudamm bricht, so hab ich mich gefreut!

Mein freies Joyken, nun laß es Dir gut gehn. Pfleg Dich einmal wieder richtig zusammen, meine tapfere Heldin, leg Dich aufs Dach, bummle, klöne, rede und hole alles nach. Du hast es Dir ehrlich verdient. Die Welt steht Dir wieder offen, ich hab sogar das Gefühl, daß oben ein schöner Sonnentag ist. Du siehst, die Welt empfängt Dich nach der Prüfung mit allem Glanz! Teufel, ist das schön, daß Du endlich wieder in der Welt bist, auf der Zieh spielen kannst, lachen, Musik hören, Wein trinken und Dich hübsch anziehn kannst. Ja, die Wolke ging vorüber …

15.4.43

Ich wäre dankbar für Tee, Zeitschriften und Zeitungen außer VB[2] und Angriff, da ich diese hier bekomme, einen Bleistift, Birnenschnitzel, Nagelbürste, Süßstoff, Zahnseife, Schwarzbrot und etwas Geld. An Büchern: Herodot, Klages und Lyrikband: Um uns die Stadt, neben Schreibtisch in Regal.

Und bitte schreibt möglichst viel, ich habe Monate keine Post mehr bekommen. Und verkauft den Wagen, wenn es eben möglich ist, nicht, da er ein Sachwert ist. Und schickt mir bitte das Mädchen von Fanö[3], auch ein paar Albatrosbücher vielleicht.

Und laß Dich doch knipsen und schick mir Fotos, wie Ihr alle im Atelier sitzt. Aber das alles ist nicht so wichtig. Wichtig ist allein, daß Du erst mal wieder zu Kräften kommst. Laß Dich von Dr. Borlage wegen Deiner Ohnmachten untersuchen, wir sind doch in der Krankenkasse. Du mußt Dich jetzt erst mal ganz gründlich erholen. Du hast mit Deinen Nerven eine große Schlacht geschlagen, aber jetzt ruh Dich aus, bitte! Vater und Frau Lausberg werden Dich sicher pflegen wie eine Genesende. Hoffentlich geht es seinem Arm wieder besser. Auf der Bank ist noch Geld, das Du abheben kannst. Ach, mein Joyken, ich freue mich so sehr, mir ist jetzt viel wohler. Jetzt ist alles halb so schwer. Das war eine Erlösung!

Einen ganz herzlichen Gruß an Vater, Frau L. und alle. Ich bin immer bei Dir und hab Dich lieb.

Ich bin und bleibe Dein treuer Pitt

1 Am 12.4.1943 wurde JW überraschend entlassen. Sie traf noch kurz GW. JW: »Am 12. April wurde ich in Charlottenburg über Lautsprecher ausgerufen. ›Frau Weisenborn, fertigmachen.‹ Ich wußte nicht, wohin es ging. Das war damals so. Man wußte nie, was kam, es wurde einem ja nichts gesagt. Man mußte sich immer auf das Schlimmste gefaßt machen. Ich hab dann noch zu den andern gesagt: ›Entweder ich komm nach Ravensbrück oder ich bin frei. Wenn ich frei bin, seht ihr mich heute abend unter den Fenstern.‹ Dann wurde ich abgeholt, dasselbe wieder wie damals Ende Januar, wieder über den Kurfürstendamm, ins Büro, und wieder sein Sadismus. Und plötzlich hat er seiner Sekretärin diktiert: ›Schreiben Sie: Frau Weisenborn ...‹ Ich war ganz Angst. Ich konnte nicht mehr. ›... wird heute entlassen.‹ Ich saß da und wußte nicht, was mit mir los war. Und dann hat Habecker gesagt: ›Jetzt sind Sie Frei-Frau. Wollen Sie einen weißen oder einen schwarzen Wagen?‹ Und dann hat er mich tatsächlich zur U-Bahn gebracht, ich habe mir allein eine U-Bahn-Fahrkarte gelöst – mein Geld hatte ich wiederbekommen. Vor mir stand ein Herr auf, ich weiß das noch genau. Und dann nach Hause. Und zu Hause fand ich Eier. Ich tat sie selbst in die Pfanne. Alles konnte ich tun, durfte ich tun. Ich hab dann meine Freundin angerufen. Und abends sind wir raus nach Charlottenburg und sind unter den Fenstern auf und abgegangen, und oben standen alle und haben gewinkt, mit ihren weißen Armen zwischen den Gittern. Ich sehe das noch heute vor mir.«

2 *Völkischer Beobachter*

3 Roman von GW, 1935 bei Kiepenheuer, Berlin, erschienen

Zuversicht

Nun gehen wir zwei Wege,
wer weiß, wohin sie führen.
Du fährst durch fremde Länder
und gehst durch viele Türen.

Du singst die alten Lieder,
die wir im Herzen tragen
und wirst zu vielen Fremden
viel singen, wenig sagen.

Dein Weg wird ziemlich hart sein,
doch wirst du fest ihn gehen
und wirst auf unserer Brücke,
wenns dämmert, einsam stehen.

Mein Weg führt in das Dunkel,
ich geh ihn ohne Zagen
und werd auf meinem Strohsack
die Sterne nach dir fragen.

Mag uns der Wind des Schicksals
auch auseinander wehen,
ich kenn zwei Wege, die einst
wieder zusammengehen.

Joy Weisenborn an Günther Weisenborn
Bayreuther Str. 10, 16. April 1943

Mein Junge! Mein Pitt! Heute bekam ich den ersten Brief[1] durch einen richtigen Postboten, denk Dir, und von wem? Von meinem liebsten Pitt! Ach, diese Woche ist die ereignisreichste meines Lebens, fängt doch das Leben wieder ganz neu an, es ist kaum zu fassen. Als ich zuerst in die U-Bahn stieg, mußte ich an mich halten, um nicht vor lauter Freude zu jauchzen: Was sitzt Ihr heute da so, seht Ihr es mir nicht an? *Ich bin frei!!!* Ach, mein Pitt, Du gingst in Gedanken jeden Schritt mit, wie ergriffen war ich, als der Aufzug wieder hochging und Nr. 2 wieder in die Zelle mußte, das kann ja nur der verstehen, der es selbst mitgemacht hat. Aber auch für Dich wird die Stunde einmal kommen, und Du weißt, alle Menschen, die Dich kennen, denken an Dich, am meisten Dein eigenes, kleines Joyken, Du kannst sicher sein, alles was ich tue, geschieht für Dich. Ich habe mich schon mit Johanna Endemann[2] in Verbindung gesetzt ... es dauert eine Weile, bis sie die Post hat, aber diese Weile brauche ich auch dringend zur Erholung, denn die Menschen kriegen einen Schrecken über meine Blässe. Aber das wird bald besser sein, ich esse nämlich Unmengen, jeden Tag gibt es eine Premiere, ach, mein Pitterken, wenn Du doch dabei sein könntest. Ich ging gestern an Deinen Kleiderschrank und steckte mein Näschen hinein, roch Deinen »Duft«, na, ich kann Dir sagen, ich hab schnell die Tür wieder zugemacht, und so geht es mit vielem. Ich fahre also Montag bis über Ostern zur Micky, die natürlich vor Freude nicht weiß wohin. Sie läßt Dich ganz innig grüßen, mein Junge. Dann komme ich nach Ostern sofort zurück und hoffe, nach Sorenbohm zu fahren und anschließend zur Benita, die inzwischen Burgfrau zu Dohna geworden ist, sie erwartet mich, um mich mal recht zu verpflegen, die Gute! Oh, könnte ich Dich mitnehmen, aber Du brauchst Dich nicht zu sorgen, ich sorge für Dich, wo ich auch sein mag. Aber ich muß raus aus Berlin, der Trubel hier bekommt mir nicht, wir haben schon alles vorbereitet, daß die Sachen wegkommen.

Ich habe schon so oft unsere »Cavatina« gespielt, und dann setze ich mich in Deinen Stuhl, und Du bist ganz da, es gehört ja niemand so zusammen wie wir zwei, nicht? Und dann habe ich meine Zieh genommen und alle Deine Lieder gesungen, ich war nämlich zweieinhalb Tage allein hier, als ich ankam, waren die beiden bei Camilla, das war erst eine kleine Enttäuschung, aber dann kamen sie Mittwochabend, und jetzt versorgen sie mich rührend. Sie haben wirklich unerhört viel für uns getan und tun es immer noch. Du kannst gewiß sein, es wird das Möglichste für Dich getan! Nun müssen wir eben abwarten, und das haben wir weiß Gott gelernt, nicht wahr? Ach, mein Pitt, bleibe gesund für mich, ich werde alles tun, um uns eine Zukunft zu schaffen, ich werde ein ganz sparsames Joyken, denn jeder Pfennig macht meinen Pitt eines Tages glücklich … Ich küsse Dich ganz, ganz zart, Pitt,

Dein Dich so sehr liebendes Joyken

Ostern werde ich irgendwo ein Orgelkonzert anhören und werde die Klänge in Deine Zelle weiterleiten, sie soll hallen von wunderbarer Musik. Und auch Ostern geht vorbei, und bald ist schon ein Jahr herum, nur noch 156 Tage!! Ein ganz besonderes Osterküßlein drückt Dir Dein Joyken auf Deinen geliebten Mund!

1 GW an JW, 13.4.1943
2 Sängerin, mit der JW 1940 die Tourneen an die Front gemacht hat. Vgl. auch S. 107

Zum Abschied

Ich wachte auf und wußte,
du hast schon wieder geweint.
Mein Joyken, du sollst wissen,
daß draußen die Sonne scheint.

Mein Joyken, du sollst wissen,
man weint sich einmal aus,
dann sagt man tapfer: Basta!
Ich mach mir nichts daraus.

Auch die Zeit geht vorüber,
es kommt ein anderer Mai,
dann gehn wir Seit an Seite,
denn dann ist es vorbei.

Solang fahr du alleine
mit deiner Zieh durchs Land
und sing, sei schön und fröhlich!
Komm, gib mir deine Hand …

Datiert vom 29.5.1943

Günther Weisenborn an Joy Weisenborn
21. Juli blauer Himmel
leuchtet in die Zelle. ½ 6 nachm.
Endlich Ruhe im Haus. Frisch
rasiert und gutgelaunt.

Mein geliebtes Mädchen,
ja, da staunst Du, ein Gruß aus heiterem Himmel! Bin gespannt, was Du für Augen machen wirst! –

Wie ich gesehen habe, geht es Dir gut, und das freut mich mächtig, auch daß Du mit den Proben zu Scampolo[1] beginnst, wie Du mir bei der Sprecherlaubnis sagtest. Ein Segen, daß die graue Fron im Büro für Dich zu Ende ist. Dein letzter Brief ist vom 4. 7., wann kommt der nächste? Ich wollte Dir im Koffer still und verborgen meine Manuskripte mitschicken, aber ein übereifriger Kalfaktor hat sie aus der Tiefe rausgewühlt. Sie sind jetzt in meinem Koffer hier im Keller.[2] Schade. Es ist ein *»Kopfkissenheft«* mit Gedanken u. Aphorismen, Drama *»Baal«*, das ebenso wie die »Braut von M.« noch dringend überarbeitet werden muß, Striche usw. und *Lieder* und angefangene Lebenserinnerungen, *»Memorial«*, die ganz neuartig werden und die eine *sehr* wichtige Arbeit werden, für die ich *dringend* die Tagebücher und Fotos brauche, später! *Mein Hauptwerk!*[3] […]

21. Juli
abends 7.

Ein schöner, ruhiger Abend, ich habe meine 2 Scheiben Brot (eine mit Margarine) gegessen, und den Harzerkäse wie gewöhnlich (wegen der Maden) abgelehnt, dazu Kaffee, und während ich kaute und dazu in der Zeitung las: plötzlich ganz nah und laut: »ziküth!…« Da saß doch wahrhaftig auf meinem obersten Eisenstab im Fenster ein Vogel, blankäugig, flink und frei! Gegen den blauen Himmel! Es war unbeschreiblich, dieser Bote der freiesten Freiheit, und ich war doch mächtig gepackt. Sollte er mir verkünden, daß ich bald frei bin? Manchmal habe ich das sonderbare Gefühl. Was so ein kleines, schwirrendes

Federwölkchen voller Gesang sich wohl denkt, wenn es sich auf ein Fenstergitter setzt und da unten tief einen Menschen sitzen sieht, der es erstaunt und atemlos anstarrt? Auf dem Gitter!! [...]

Wir haben für unser Glück viel Bitterkeit zahlen müssen, ich habe soviel erlebt und so Furchtbares, daß meine Sehnsucht nach unserer so lebendigen und herzenswarmen Liebe immer schmerzlicher geworden ist. Je härter das Schicksal mich anpackte, desto weiter öffnete ich mein innerstes Herz der Weichheit, der Liebe, der echten Poesie, die Schlacht ist geschlagen, ich darf sagen, daß ich mich anständig gehalten habe. Jetzt in der hellen Zelle, als ich langsam aus der innerlichen Erstarrung wieder auflebte, – es war wie eine Neugeburt – kam alles wieder durch meinen Kopf, tag und nachts, bis es sich gelöst hatte und allmählich schmilzt, fürchterliche Träume und Vorstellungen usw. Ich erlebe ja alles künstlerisch, d. h., aus tausend Blickwinkeln, aus tausend Augen. [Am Rand: Das ist sehr schmerzhaft!] Es war niemand in diesen Monaten zum Sprechen da, ich lag völlig unter dem Eis der Energie, der gewaltsamen Anspannung, und fange jetzt erst wieder an zu leben, d. h. nicht, daß ich früher keinen Humor hatte, im Gegenteil, als ich früh um 8 zur Urteilsverkündigung abgeholt wurde – ich hatte auch diese Nacht im Bademantel schwer gefesselt gelegen – sagte ich zu den Beamten, die mich gefesselt abführten: »Und das am frühen Morgen ... also auf zur Konfirmation!« Und wir lachten und waren vergnügt, nur manchmal musterte mich einer heimlich und ernst. Ich war beim ganzen Prozeß absolut ruhig, und wenn ich sprach, hab ich gekämpft wie ein Löwe, auch die andern waren ruhig. Nach den Anträgen, nach den Urteilen gaben wir uns alle die Hand. Na –

Jetzt komm ich allmählich drüber weg, und ich fühle, ich bin nicht krank oder zusammengeknackst, sondern es gibt noch Schwalben und Tomaten und andere Gespräche als diese. Es gibt noch Arbeit und ich hab einen herrlichen Plan, zu dem ich *unbedingt* meine Notizbücher brauche, ein Riesenwerk: 6 Bände! Und viele andere Pläne! Jetzt müßte ich arbeiten können!! Aber vielleicht ist es gut, noch etwas zu warten, denn ich werde das wichtigste Werk dieser Zeit schreiben, es wird wie ein Gewitter sein! Ich komme aus diesen Abgründen beladen mit Plänen und herrlichen Entwürfen zurück, ein Künstler ist überall Schatzgräber, selbst im tiefsten Leid seines und seiner Brüder Dasein. Schwankend und trächtig, ein Packesel der Zukunft, so werde ich ins Straflager einziehn, wunderbare, ungeborene Werke im Kopf, was ich bisher geschrieben habe, ist alles nur Studie gewesen, jetzt seh ich zum ersten Mal am Horizont die Silhouetten der Welttiefe und ahne, daß jetzt meine Zeit beginnt. Ich werde im Wasser stehn und Moor schaufeln[4], aber ich werde ein Dutzend Bücher im Kopf tragen. Ich kann nicht untergehn! – Ich bin reicher als zuvor, wenn auch verwahrlost, dünn, in häßlichem Hemd, ohne Socken, ungepflegt und einsam. Ich habe eine Ruhe, die nur noch der Unruhe des Schaffens weichen wird. Ich bin übervölkert mit Zukunft. –

22. Juli früh 8
Uhr, frisch ausgeschlafen

Ja, mein Joyken, und wenn keiner gesund aus Lingen rausgekommen ist, so werde ich eben der erste sein, einer muß ja anfangen, nicht? Wenn Du viel an mich denkst, werde ich schon stark sein. Wenn ich nur endlich an die Arbeit käme und mich bewegen könnte und hier aus dieser Urteils- und Gerichtsatmosphäre heraus wäre! Obwohl das Leben hier erträglich ist für einen alten »Knastologen« von 10 Monaten, die meisten hier sind noch Anfänger, möchte ich doch endlich richtig mal losarbeiten. Wenn ich mich morgens beim Waschen betrachte, so seh ich ein ziemlich dünnes Knäbchen, das gern wieder Muskeln haben möchte und Kraft. […]

So, nun habe ich Dir eine Menge von mir erzählt. Grüße alle herzlich

Ich bin

Dein freier Mann.

22. Juli gegen 11
Uhr.

Eben wurde ich zum Polizeiinspektor gerufen, der mir mitteilte, daß meine Strafe festgesetzt sei: *Bis 6.10.45 0 Uhr!* Angerechnet werden 4 Monate + 83 Tage, also fast alles bisher, sodaß ich praktisch bereits

9 Monate Zuchthaus hinter mir habe. Am *26.9.* verhaftet, am *21.10.* nach Spandau, am *21.1.* nach Gestapo, am *2.2. Vorladung*, am *6.2. Urteil*, am *30.4. Bestätigung*, am *21.6.* in Gemeinschaftsz., *am 25.6. nach Moabit.* Manchmal hab ich das Gefühl, die lassen mich bis Weihn. hier, geschieht öfter. Vielleicht sind die 83 Tage von Verh. bis Prozeßbeginn Mitte Dez. und die 4 Monate von Prozeßbeginn bis Bestätigung? Die 4 Mon. + 82 Tage gelten wohl bis zum 30.4. also bis zur Bestätigung. Ich weiß es nicht. 1 Monat haben sie also nicht angerechnet, nicht? Ist mir auch gleich. 2 Jahre und 2 Monate hab ich noch zu sitzen, also, bis 6. Okt. 45 0 Uhr, mein Gott. Was wird dann sein? Vielleicht kann ich hier Kalfaktor werden, d.h. in der Trägerkolonne [...] arbeiten, obwohl es für Zuchthäusler schwer ist. Ob ich die 2 Jahre absitze? Ich glaube nicht daran. *Möglich, daß sie mich isoliert halten wollen, damit ich nichts erzähle!* Ich darf zu niemand sprechen, das gälte als *Landesverrat*! Es soll die böseste und gefährlichste Sache überhaupt gewesen sein. Möglich, daß *darum Einzelhaft*! H.[5] sagte zu mir beim Abtransport, – ach, war der Tiergarten schön! – er hätte mit Schrecken in meinem Brief gelesen, daß mich P.[6] in Gemeinschaftszelle getan hätte. H. hat dann wohl gleich gesorgt, daß ich wegkam, wieder in Einzelzelle. Hätte ich Trottel das doch nicht im Brief geschrieben! Der Prozeß war am 25. Mai noch im Gang. [...]

22. Juli gegen ½ 8 abends

Mein innig geliebtes Joykele,
jetzt ist es ruhig in dem Riesenhaus, in dem es ständig ruft und hallt draußen, zweimal heute auch: »C IV! ... 475!« Das bin ich: Zelle 475, Abteilung C IV. Eben hab ich auf dem kleinen Klappbrett, das mein Sitz ist, gesessen und mich mit blauem Dunst beschäftigt. Ich bin satt (es gab Kartoffelsuppe, mittags Erbsensuppe, früh wie immer Stück Brot, daumendick), denn das Essen ist doch viel besser geworden, und *ich* bekomme genug, außerdem hab ich mich längst an die Rationen gewöhnt und es ist nicht Winter wie in Spandau, das für mich eine furchtbare Erinnerung ist. Wir waren 36 Mann auf unserem Flur dort, von denen 2 freigelassen, 4 Freiheitsstrafen erhielten, darunter ich, der Rest

Todesurteile und keine Begnadigungen. Wir gingen im verschneiten trostlosen Hof in der morgengrauen Frühe spazieren, die Raben krächzten unheilvoll über uns, und es wurden immer mehr. T.-U.[7], es rückte langsam und unaufhaltsam näher. Trotzdem lachten wir uns an, diese schneeweißen hagern, harten Gesichter mit dem dampfenden Atem. Und vor Hunger fielen wir fast um, und Gebrüll in diesem trüben Haus, und den ganzen Winter nicht geheizt, nur manchmal von 4–6 nachm. [Am Rand: Die Wärter und ein Tobsüchtiger im 1. Stock brüllten immer.] Eine Hölle. Mir waren Bücher und Schreibzeug weggenommen worden, also saß ich Weihnachten ohne alles in dunkler kalter Zelle mit Hunger. Und trotzdem haben wir gelacht und uns Mut gemacht. Walter H.[8] war herrlich, ich habe nie einen so heldenhaften Mann gesehn. Er lag 2 Zellen neben mir und schrie aus dem Fenster an einem Sonntag im Januar mal, ich hörte es nur undeutlich im Wind: »Günther … wenn du rauskommst … sag … ich wär fröhlich gestorben …« –

Gestern abend saß hier der Piepmatz auf dem Eisenstab, es ist warm, blauer Himmel leuchtet durch die gerippten Scheiben, und es ist vorbei. Der Piepmatz pfiff vergnügt. Die Trauer eines Mannes äußert sich nicht darin, daß er nicht lacht. Die wirkliche tiefe Trauer wächst in ihn ein und wird ein Bestandteil seiner selbst, sie durchzieht seine Freude und seine Gedanken und vergeht nie. Ein Mann, der viel aufzutrauern hat, braucht viel Humor, damit es ihn nicht überwältigt. Wehrlosigkeit ist das Schrecklichste auf der Welt, und ich habe einen Mann lieben gelernt, der die Wehrlosigkeit trug: stolz, ruhig und spöttisch und der bestimmt so gestorben ist, ein Mann, den ich bewundere. Wenn »Kehrt marsch!« kommandiert wurde, traten wir immer 3, 4 Schritte schallend auf und lachten uns an, da hatten wir etwas Gemeinsames, und der Wächter ärgerte sich. Er soll vor Gericht einen *sehr* guten Eindruck gemacht haben, wie mir ein Gestapomann erzählte. Der Richter soll gesagt haben, es wäre schade, daß solch einer beim Feind stünde. Er war kurz vor mir geladen. Er hatte 16 Nähte am rechten Unterarm, weil er durch ein Fenster springen wollte. Ich habe von meinem Paket ein zweites gemacht und das dem Schließer gegeben, der es genau durchsah und ihm aushändigte, da ich sagte, es wäre mir für ihn mitgegeben worden. Er bekam nie eins, litt großen Hunger und freute sich *sehr*.

Ach, meine Schicksalsfrau, ich denke an Dich und sehe Dich vor mir: dunkeläugig, hell und so schmal, so geliebt und so zart. Und es ist das Leben, die Zukunft. Und rieche Deinen Duft nach sauberer Frische. Bald bist Du in Norwegen, weit weg.[9] Hoffentlich stößt Dir nichts zu, fliegt ihr oder fahrt ihr mit dem Schiff oder durch Schweden? Unfaßbar, daß der Mund, der so nah war, dann so weit ist. [...]

Ich grüße dich durch diesen Juliabend, der still ist. Wo magst du jetzt sein, was tun? Ich weiß es nicht, aber ich weiß, daß du nichts sagen und tun wirst, worüber ich traurig sein würde oder wo ich nicht dabei sein könnte, nicht? Auch nicht im fernsten Norwegen, und um 18 sei bitte möglichst allein auf unserer Brücke, ja? Ach, ich möchte so vieles von Dir wissen, aber Entsagung heißt das Los eines Gefangenen. Ich habe Dir hier ein wenig von mir erzählt, hoffentlich freut es Dich zu lesen, daß ich allmählich wieder an das Tageslicht gekommen bin, äußerlich und innerlich. Und damit näher zu Dir! Auf Wiedersehn!

Dein Pitt

Kassiber

1 Vermutlich handelt es sich um die Komödie *Scampolo* von Dario Niccodemi, neubearb. von Karl Lerbs, die 1942 auf der Drehbühne, Berlin, gespielt wurde.

2 Den Koffer fand GW nach seiner Befreiung im Zuchthaus Luckau. Vgl. *Memorial* 90, S. 105 (siehe S. 112)

3 Das *Memorial* stand für GW im Mittelpunkt seiner Planungen. Tatsächlich hat er es gleich nach dem Krieg verwirklicht. Die 1947 erschienene Collage aus Erinnerungen an die Zeit in Südamerika und die Zeit der Haft ist GWs bekanntestes Werk.

4 GW rechnete damit, in eines der emsländischen Konzentrations- und Strafgefangenenlager verlegt zu werden. Die Gefangenen wurden für die Kultivierung der Moore eingesetzt. Die für die Strafgefangenenlager zuständige Justizverwaltung befand sich in Lingen. Deswegen ist mehrfach von »Lingen« die Rede.

5 Kriminalinspektor Habecker. Vgl. S. 38, Anm. 2

6 Vgl. S. 79, Anm. 2

7 Todesurteil

8 Walter Husemann (1909–1943), Kommunist und Widerstandskämpfer

9 JW plante Konzerte vor Wehrmachtseinheiten in Norwegen.

Als ich in Moabit Hilfsflurwärter war, fragte mich der Leiter meiner Abteilung C4, ein kleiner, forscher Unteroffizier, der uns Gefangenen jedoch nichts Böses tat, ob ich Französisch spreche. Ich bejahte.

Er gab mir ein Papier und führte mich zu einer Zelle, in der drei junge Franzosen lagen.

»Übersetzen Sie das Papier!«

Es war die Anklageschrift eines Staatsanwalts. Sechzehn Franzosen hatten sich nach ihr zusammengetan, nachdem sie aus einem Lager geflohen waren, und waren in verschiedene Geschäfte eingebrochen, um sich Lebensmittel zu beschaffen. Drei dieser Franzosen standen vor mir, drei junge, hübsche und intelligente Burschen. Sie hatten nur ihre Hosen an, weil es damals im Hochsommer hier oben sehr heiß war. Sie lauschten aufmerksam meiner gebrochenen und stockenden Übersetzung. Es war totenstill in der Zelle, wenn ich schwieg. Die drei fahlen Gesichter, aus denen die dunklen, glänzenden Augen mich anstarrten. Ich kam zu dem Schlußsatz: »Darum ist wegen der Schwere der Verbrechen in der Zeit des totalen Krieges mit der Todesstrafe zu rechnen.«

Als ich diesen widerwärtigen Satz deutscher Beamter aussprach, sah ich, daß auf der nackten Brust des mir zunächst Stehenden die Haut anfing zu schlagen. Es war das Herz des jungen Mannes, das darunter klopfte. Es schlug in wildem Rhythmus, sie atmeten schwer, sie waren schweißüberronnen. Ich fügte hinzu: »Ne soyez pas triste, nous tous sommes des camarades.« Einer stieß hervor: »Was hätten wir tun sollen? Wir waren geflohen, wir lebten illegal in Berlin, und essen mußten wir. Dies ist Feindesland.« Ich übersetzte es nicht dem Unteroffizier, der danach fragte. Abends gab ich ihnen beim Suppeausteilen einen Schlag mehr. Nach einer Woche kamen sie nach Plötzensee.

Aber ich werde nie das Herz eines verzweifelten jungen Franzosen vergessen, das unter der nackten Haut damals schlug und jetzt längst in deutscher Erde verwest.

Aus: *Memorial* 98, S. 115 f.

Günther Weisenborn an Joy Weisenborn
29. Juli 1943
abends 7 Uhr

Mein Joykele,
ein arbeitsreicher Tag ist zu Ende, wischen, staubputzen auf 100 m langem Flur unterm Dach, Essen austeilen, Essen in schweren heißen Kesseln durch Flure und 4 Treppen schleppen, bohnern, Wäsche einsammeln u. wegbringen usw. Es ist eine anstrengende Woche gewesen, aber interessant! Woraus du ersiehst, daß ich als Hilfsflurwärter[1] fungiere. –

Ach, mein geliebtes Mädchen, es ist jetzt der 11. Monat, eine endlose Zeit! Manchmal bin ich nachts ein wenig traurig, aber das geht vorbei, traurig, weil soviele kostbare Zeit unserer Ehe verloren geht, gerade, wie wir an die letzte Aufgabe wollten, gerade, wie wir den wolkenumzogenen Gipfel erklimmen wollten der Ehe mit den tiefen Geheimnissen der Natur. Oder ist diese Zeit nicht verloren? Ich weiß es nicht, ich kann nur warten.

Du wirst so erstaunt sein, so plötzlich eine Nachricht von mir zu erhalten. Endlich!!! Das Straflager soll nach Berichten von Leuten, die dorther kommen, finster sein, im vorigen Jahr 600 Tote, Arbeit von früh 6–9 abends, wenig Essen, Prügel. Ich kann es nicht glauben. Ich bin jetzt Strafgefangener und darf nur alle 6 Wochen! als Zuchthäusler Post erhalten und alle 4 Monate Sprechstunde.

Sonntag erfuhr ich, daß in meinen Akten die Notiz steht, daß ich noch »gebraucht« werde vom Gericht.[2] Was das heißt, ist mir unklar, vielleicht etwas Schlechtes, vielleicht etwas Gutes, daß man mich bis Weihn. hier behalten will?

Der Überbringer ist ein anständiger, netter Mensch. Wann wirst Du nun aus Deinem Vertrag loskommen? Und wann gehst Du auf Tournee? Vielleicht ist es jetzt besser, du gehst nicht nach Norwegen angesichts der Lage? Aber bitte, *geh weg aus Berlin!* Es werden *bald große* Angriffe kommen! Hamburg muß ja böse aussehn. [...]

30. Juli

Mein Joyken, mein Fräuken

[…] Gedichte hab ich die letzte Zeit nicht geschrieben, weil ich abends immer gleich ins Bett falle von der Arbeit und Unruhe. Morgens um 10 siehst Du auf dem langen Flur mit den vielen Türen einen Mann in blauer Anstaltskluft mit weißer Schürze Staub wischen und besonders lang wischt er am blauen Fenster, das offensteht und von wo aus er die Rathenower Str. sieht mit Straßenbahnen und Frauen und richtigen Leuten. Zu essen bekomm ich sehr viel, Bewegung hab ich auch genug, das ist gut. Mein Fleisch muß wieder hart werden. Ich wiege bestimmt schon wieder 120 Pfd, glaub ich. Ich bin gespannt, wie mein Leben weiterläuft und was das Schicksal mit mir vorhat. Nach allem scheint Frontbew.[3] doch das Beste zu sein. Auch die Komm.[4] beantragen alle FB und sagen: Lieber Soldat, als ins Lager. Im Lager, so sagt man, werden alle erledigt, wenn es schief gehen sollte. Aber das ist nicht – … unterbrochen, weiß nicht mehr. 11^{00} vorm. mußte eben Wäsche schleppen, hab dabei wieder gehört von Lingen[5], das ist *Konzentrationslager* wie Buchenwald, wo Husemann war, oder Sachsenhausen. Täglich Prügel, sagt einer, der hierher kam: 10% Tote. Man wird vom Zuchthaus Lingen, wo man nur 3–4 Tage bleibt, auf verschiedene Lager verteilt. Nun, ich werde eben versuchen, mich gut zu halten und gut zu führen, um möglichst bald Frontbewährung zu bekommen und mich wieder als anständiger Mensch beweisen zu können. In Lingen sind 17 000.[6] –

Ich habe Schwielen an den Händen bekommen, aber es ist herrlich als halbfreier Mann, im Haus rumzulaufen, Suppe schleppen usw. Schach hab ich gestern auch gespielt. Sonderbar, daß ich zu unserer Brückenzeit nur halb anwesend bin, halb im Atelier. Ach, hier gibt es nur Rauheit, Lärm, Hetze, Grobheit, dort gibt es Sanftheit, Schönheit, Musik, Liebe: mit einem Wort Frau, mit unserem Wort: Joyken. – Am Tisch sitzt der 1. Flurwärter und schreibt ebenfalls, ich sitz am Boden in der Ecke, die Tür steht halb offen. Ich komm mit ihm gut zurecht, er ist Obergefreiter, der Zigaretten verschoben hat. 4 J. Z.[7] Dein Bild mit Zieh malt augenblicklich ein sehr netter Franzose ab, hoffentlich klappt es, und wird es schön, schick ich es Dir. […]

Die Atmosphäre hier hat etwas Unwirkliches, es ist sonderbar, wie wenig das Leben gelten kann. Eben hab ich dem Wachthabenden, der einem Franzosen die Anklageschrift überreichte, gedolmetscht. Der arme Teufel stand nur mit Hose bekleidet vor uns, ich sagte ihm, daß der Staatsanwalt die Todesstrafe beantragen will, sein Herz klopfte ungeheuer rasch unter der Haut. Ich sagte ihm, das hieße noch nicht »sterben«. Mais oui, il dit je n'ai pas peur, c'est la mort! Er war Anführer einer großen Bande, die Einbrüche in Berlin machte, 16 Todesstrafen beantragt. [...]

Gestern fragte auf der Treppe mein Kollege einen älteren Kalfaktor, ob er Antwort habe. Der Andere blickte mit einem weißen, weichen Brillengesicht schmerzlich rauf zu uns und zuckte die Schultern: »abgewiesen«. Er hatte gegen Todesstrafe Wiederaufnahme beantragt. Und ist der Uhrmacher hier, der also demnächst sterben muß. Lief da allein mit schweißigem Gesicht im Haus herum. Es ist alles gespenstisch. Er kann also jeden Tag abgeholt werden. Ich erlebe ungeheuer viel, das Herz wird einem immer schwerer.

Nun gehn meine Wünsche zu Dir, Geliebte und meine Liebe. Paß auf des Nachts besuche ich Dich, ganz leise und heimlich

Dein Pitt

Kassiber

1 GW übernahm eine Reihe von Arbeiten, die etwas Abwechslung in den tristen Gefängnisalltag brachten.
2 GW war offensichtlich als Zeuge in Prozessen vorgesehen. Dazu kam es jedoch nicht.
3 Frontbewährung (im folgenden abgekürzt FB) hieß Versetzung in eine Strafkompanie mit geringen Überlebenschancen. Vermutlich rechnete GW mit einem baldigen Ende des Krieges und rechnete sich deswegen bessere Chancen aus, mit dem Leben davonzukommen.
4 Vermutlich Kommunisten gemeint
5 In Lingen selbst gab es kein KZ, sondern eine Strafanstalt.
6 Die Zahl der Häftlinge in den emsländischen Konzentrations- und Strafgefangenenlagern schwankte. In den beiden letzten Kriegsjahren vervielfachte sich ihre Zahl, weil französische, belgische, polnische und vor allem sowjetische Kriegsgefangene hinzukamen.
7 Gemeint: 4 Jahre Zuchthaus

Günther Weisenborn an Joy Weisenborn
4. August 1943

Mein geliebtes Joyken,
es ist abends gegen 8 Uhr, ich habe mich kalt abgewaschen und sitze nackt am Tisch, müde und verliebt. Ja, Du wirst staunen über diesen Brief, ich hatte plötzlich Gelegenheit, Dir Nachricht zukommen zu lassen und ich glaube, Du wirst Dich freuen, nicht? Es war so erquickend Dich zu sehen, Dein so vertrautes, kleines Gesicht so nah zu sehen und Deine Hand zu fühlen, noch abends duftete meine Hand ganz zart nach Dir, nach Welt, nach sauberer Frau und Kultur, ich war einen Tag lang fast glücklich, wenn auch ein bitterer Rest nicht gering ist. Dieses Haus hier ist eine Schule für mich, hart, hart. Heut morgen hatte einer Termin auf unserer Station, mittags Todesurteil, Sonntag wird er nicht mehr leben, er war fassungslos erstaunt und kam gleich nach unten. Ich stand in seiner leeren Zelle und packte seine Sachen zusammen. Oder wenn ich nach Pellkartoffeln rumgeh, um die Schalen einzusammeln, so haben die meisten sie aufgegessen. Schreib nie etwas, daß ich Flurwärter bin, da ich vermutlich nicht genehmigt würde. Es ist sehr anstrengend, und das ist gut, ich sehe sehr viel. Es gibt hier alles vom Doppelmörder bis zum Franzosen, der ein deutsches Munitionsdepot in die Luft sprengte usw. Ich bemühe mich für die meisten ein guter Engel zu sein und sehe viele dankbare Blicke, die mir gelten.

Ich bin froh, wenn ich abends eingeschlossen werde, ich endlich allein und nicht mehr gehetzt bin und ich Deine Briefe lese, die ich bei mir habe. Es geht das Gerücht, daß die ganze Anstalt nach Luckau verlegt werden soll. Sonst müssen wir uns bereithalten, um in den Keller geführt zu werden. Außerdem werden sie hier bestimmt uns schonen wegen der vielen Ausländer. Du brauchst Dir also meinetwegen keine Sorgen zu machen. Richtig, eine furchtbare Wut hab ich heute früh gehabt, als ich sah, wie ein Gefangener geschlagen wurde. Es ist furchtbar, wenn ein Wehrloser geschlagen wird. Als anständiger Mensch zittern einem dann die Knie. Man kann sich nicht daran gewöhnen, wenn auch der Gefangene schuld sein mag. –

Es wird bald dunkel, die Schwalben kreischen nicht mehr. Ich glaube, sie reisen in diesen Tagen ab, sie sind die ersten. Bald wird es Herbst. Wann wird die Freiheit kommen? Ich hämmere mir nicht mehr die Fäuste blutig wie damals, aber manchmal hat man doch schwere, dunkle Stunden, aber verlaß Dich darauf, sie enden *immer* mit: »Mut, mein Jung, es kommt bald Joyken und Barning!« Denn ich liebe Dich ...

5. August
gegen mittag.

... eben kommt ein Beamter und teilt mir mit, daß ich in den nächsten Tagen auf Transport komme, wahrscheinlich nach Luckau, das soll ganz gut sein. Also wieder mal Glück: jetzt, wo es in Berlin mulmig wird, komme ich weg, das ist dir sicher eine große Beruhigung, nicht wahr, mein Joykele? Und ich komme also nicht nach Lingen. Wenn Du magst, rufe doch Panzinger an[1] oder besser schreib ihm, etwa am 10. 8.: ich hätte Dir in der Sprechstunde gesagt, er schriebe einen Brief an das Z. wegen Landarbeit, und Du bätest ihn noch einmal darum, ganz kurz: Landarbeit oder Gärtnerei. Außerdem bätest Du darum, mich nicht wegen Frontbew. zu Weihn. zu vergessen. Im übrigen denk daran: Punkt hinter Pitt heißt: Frontbewährung sofort mit allen Mitteln! Luckau soll erträglich sein, besser als Brandenburg[2]. – [...]

Liebste, denk jetzt an Dich!

Für alles andere hast Du herrlich gesorgt! Bleib gesund! *Verlasse Berlin sofort!*[3] Kümmere Dich nicht mehr um die Firma, sie wird bald andere Sorgen haben! – Sei klug, weiche aus! Bleib gesund, ich brauche Dich! –

Bitte, schreib dem Vater und grüße ihn ganz herzlich von seinem unverzagten Jung und schreib ihm: Unkraut vergeht nicht. Und Arbeit schadet mir nicht. Ich bin wieder völlig auf dem Posten. Vielleicht sehn wir uns Weihnachten wieder!

5. August
nach dem Essen

Eben war hohe Kontrolle durch den Polizeiinspektor, auch der Oberstleutnant ist angesagt. Moabit soll geräumt werden. Nun, Luckau ist nicht weit, im Spreewald irgendwo. Diese 14 Tage hier hab ich mehr gelernt als sonst in Jahren! Und verlaß Dich ganz fest darauf, mein Mädchen, ich werde gesund und stark wieder herauskommen! Vielleicht zünd ich Weihnachten in Barning den Christbaum an, wir werden keine Möbel haben, und es wird an allem fehlen, aber nicht an Liebe und an Mut. Und ist es noch nicht Weihnachten, so ist es Ostern! »Es wird ein Tag in der Welt sein!« Das Lied wollen wir singen. [...] Hier war es zum 1. Mal wirklich erträglich, die Gefreiten nette Kerle usw. Später kann ich Dir Bände erzählen! Ich bin ja jetzt schon ein alter Knastologe von fast einem Jahr. Wenn ich Weihn. Frontbew. kriege, dauert die Ausbildung usw. noch mal 2–3 Monate, also bis etwa Ostern. [...]

Bitte, sei doch Freitag, den 6. abends für den Überbringer telefonisch erreichbar, nicht zu Hause, falls noch etwas ist, ja?

Hetz Dich nicht ab!
Schütze Dich für mich!
Sei klug!
Behalte Deinen Frohsinn!
Geh allem aus dem Weg!
Und warte!

Dies ist der letzte Brief für lange Zeit!

Hier sitzt einer, der Dich liebt und auch wartet! Wartet! Wartet!!

Das ist Dein Pitt
(ohne Punkt)

Auf ein frohes Wiedersehn!!

Kassiber
1 Vgl. S. 142, Anm. 1
2 Zuchthaus Brandenburg
3 GW war äußerst besorgt wegen der zunehmenden Luftangriffe, insbesondere auf Großstädte. Deswegen der dringende Rat, Berlin unverzüglich zu verlassen.

Moabiter Song

Liegen wir gegenüber dem Mondlicht
in den Zellen, da schreiben wir
Gedichte an unsere Frauen
auf den Rand von Tütenpapier.

In Moabit, dieser Festung,
da wird in jeder Nacht
an rund zweitausend Frauen
von zweitausend Männern gedacht.

Die Frauen schweben im Mondlicht,
sie winken und lächeln oft stumm,
die Gefangenen träumen von ihnen
und wälzen sich schlaflos herum.

Die vielen Frauen am Himmel
sind schön und häßlich und dick.
Sie werden geliebt, und sie lieben,
jede fleht um ein Achtelchen Glück.

Und wenn man die Eisenstäbe
zusammenschmelzen könnt:
Das gäb eine Fahnenstange
von Berlin bis zum Firmament.

Und gäb es ein Tuch für die Stange,
groß genug, wir schrieben darauf
mit unseren Händen: Freiheit!
Und hingen die Fahne auf.

Mehrere Fassungen. Geschrieben August 1943

Günther Weisenborn an Joy Weisenborn
Luckau (Nd. Lausitz), 22. August 1943

Mein Joykele,
es ist ein herrlicher Sonntagmorgen, meine beiden Zellengenossen lesen, gleich gehn wir in die Kirche und darauf zur Freistunde. Die erste Woche im Z.[1] ist vorbei, sie war nicht leicht. Ich muß zunächst einige Wochen Tüten kleben und habe am 1. Tag bereits die Norm erreicht. Die Zelle im IV. Stock mit einem herrlichen Ausblick über Luckau und das Land, das tut wohl! Das Essen weit besser als Moabit, der Ton sehr streng, aber sachlich. Meine ganze Hoffnung ist Arbeit, wenn auch schwerste, in der Landwirtschaft, damit ich wieder an unseren Hof erinnert werde und weil ich doch alles kenne, was landwirtsch. Arbeit ist. Ich wiege 114 Pf., unsere Zelle ist hell und so groß wie unsere Schlafkammer. Das 1. Buch, das ich aufschlug, enthielt eine posit. Kritik meines 1. Stücks »S 4«: ist das nicht sonderbar? Ein Glückszeichen, ebenso wie die Quersumme meiner Nummer oben[2] (352), Wäschenummer: 214, also 10.7. = mein Geburtstag! Bitte, schick mir doch *Rasierapp., 3–5 Päckchen Klingen, Seife, Zahnseife, 2*[3] *Zahnbürsten, Rasierseife*, es muß lange vorhalten! – Mein Verteidiger schrieb mir, ich lege Vollmacht für ihn bei. Bitte, schick sie ihm zu. Der Termin Weihnachten soll eingehalten werden, bis dahin muß ich hier beweisen, daß ich kein Verbrecher bin, sondern ein anständiger Mensch. Das will ich durch gute Arbeit und gute Führung. Also, bitte die Anträge erst im Nov. mit Cam.[4] usw. früher ist es sinnlos. Grüße ihn und danke ihm sehr für den Brief, der mich sehr ermutigt hat. Meine Zellenkameraden sagen, ich

hätte einen »dollen Humor«, aber mir ist durchaus nicht immer so zu Mute. Im April 44 ist die halbe Haft um: Dies ist der letzte Brief für 6 Monate, früher darf ich nicht schreiben, falls nicht etwas Besonderes passiert. Am 5.9. feiern wir in Gedanken Deinen Geburtstag, nicht? – Auch eine Ersatzbrille schick mir, bitte. Ich hab bei uns Sport eingeführt. Eben haben wir Kniebeugen gemacht, einer vierzig, einer 50, ich 110, ganz gut nach 1 Jahr Einzelhaft. – Ach, mein Joyken, in Gedanken bin ich immer bei Dir. Bitte, geh nicht auf Tournee, wenn möglich, sondern auf unseren Hof [...]. Und sei Abends auf unserer Brücke. Es ist eine lange Zeit, aber wir werden beide tapfer sein wie bisher, nicht? Mach Dir keine Sorgen, bitte, *ich halte durch und liebe Dich.* Weine nicht, mein Kleines, sei fröhlich wie ich es bin, trotzdem! Bitte, mach Dir schöne Tage, und hast Du eine dunkle Stunde, lies die Lieder und denk daran, daß das Leben für uns eines Tages wieder schön wird! Und das hoffe ich, bald! Du bist nie allein! Sei zuversichtlich wie ich!

In tiefer Liebe Dein Pitt

[...]

1 Zuchthaus Luckau
2 GW hatte die Nummer 352/43, die von der Zuchthausverwaltung jeweils oben links auf dem Briefpapier unter dem »Absender« notiert wurde. Das Blatt war vorn und hinten liniert, rechts oben war die Adresse vorgedruckt: *Luckau (Nd. Lausitz), den ... 194...*, das Datum *22. Aug. 1943* ist gestempelt, darunter ein Aktenvermerk. Im Gegensatz zu den bisherigen Briefen sind alle offiziellen Briefe von GW an JW aus Luckau deutlich geschrieben. Den nächsten Brief durfte GW tatsächlich erst 6 Monate später, am 6. 2. 1944, schreiben. Es folgte dann alle 6 Wochen jeweils ein Brief (19. 3., 1. 5., 11. 6., 23. 7., 3. 9., 15. 10.) sowie 2 Kassiber. Weitere Briefe und Kassiber (bis auf zwei vom April 1945) sind nicht erhalten.
3 Die Anzahl der Zahnbürsten ist unleserlich.
4 Camilla Horn, vgl. S. 35, Anm. 3

Die Einlieferung ins Zuchthaus geschah auf folgende Art:

Aus dem Eisenbahnwaggon wurden etwa zwanzig Männer ausgeladen, die in zwei Reihen antraten und von einer ganzen Gruppe Schupos in die Mitte genommen wurden. Die Häftlinge hingen mit Ketten aneinander und marschierten durch die Stadt, von allen Leuten angestarrt. Die Politischen erkannte man daran, daß sie den Hut in der Hand und ihren Kopf hoch erhoben trugen.

Als die großen, eisernen Zuchthaustore hinter uns dröhnend zuschlugen, waren wir »Zugänge«. Wir wurden in den Keller geführt, wo in einem langen, kalten Flur zwanzig Bündel an der Wand lagen. Wir mußten uns einzeln nackt ausziehen und unsere Sachen einem Wachtmeister geben. Dann wurden wir zu einem Schemel geführt, wo uns in Windeseile der Kopf kahlgeschoren wurde. Danach schob man dir ein Bündel hin, und du zogst dich an, eine zu weite, tausendmal geflickte Hose, eine zu enge, schmutzige Jacke, ein graues, feuchtes Hemd, das nach Krankheit roch, ebensolche Unterhosen, Holzpantinen, eine runde, schwarze Mütze, die zu klein war. Kurz: man sah lächerlich aus, und das war der Zweck. Geflickt mit gelben ausgewaschenen Streifen an der Hose und am Ärmel, so stolpertest du klappernd mit den Holzpantinen die Treppe hinauf, kahl und unbeholfener Anfänger der Zuchthauslaufbahn. Die ersten Ohrfeigen klatschten, die Holzpantinen fielen beim Gleichschritt vom Fuß. Die Hosen schleiften über den Boden, und du kanntest noch nichts und niemanden. Ach, du würdest noch alles lernen!

Aus: *Memorial* 116, S. 136 f.

Als ich verlegt wurde, kam ich in eine Zelle, in der ein früherer Zuchthausinspektor und ein früherer Minister lagen. Der Inspektor, ein blonder Sachse, hatte bereits drei Jahre hinter sich und seinen Humor nicht verloren. Der Minister war Grimme, einer der saubersten und sympathischsten Menschen meiner Haftzeit, ein außerordentlicher Kamerad. Wir waren im selben Prozeß verurteilt worden und hatten bereits in Spandau zusammengelegen. Nach kurzer Zeit bekamen wir keine Tüten mehr zum Kleben, weil es an Papier fehlte. Also waren wir wochenlang arbeitslos. Wir lebten in der engen Zelle, die etwa drei mal fünf Meter hatte, sehr vergnügt. Wir diskutierten, lernten voneinander, spielten Schach mit Pappschnitzeln und jagten Wanzen. Es war eine der schönsten Perioden meiner Haftzeit, dank zwei guter Kameraden, die ich grüße.

Aus: *Memorial* 120, S. 139

Ich hatte ihr durch einen Eisenbahnarbeiter einen heimlichen Brief zugehen lassen, sie möge nachmittags um die und die Zeit am Bahnhof Rochau sein. Dort pflegten wir in den Zug zu steigen. Es war eine Kleinbahn, die durch die riesigen Wälder dort fuhr, und der entlegene, einsame Bahnhof Rochau bestand aus einem Holzschuppen.

Eines Abends, als wir sechzehn Mann todmüde von der Arbeit zum Bahnhof marschierten, wußte ich, es war soweit. Wir besserten damals die Gleise der Bahnstrecke aus, reparierten Schienenbrüche, schotterten, stopften und planierten, und abends trugen wir im müden Gleichschritt unsere Hacken, Gabeln und Geräte zum Bahnhof. Ich marschierte in der ersten Reihe. Auf dem Bahnhof standen zwei Leute, ein älterer Arbeiter mit dem Fahrrad. Und eine Frau.

Sie stand klein und zierlich und sehr mädchenhaft in dem grauen, schweigsamen Oktobernachmittag. Es war nichts zu hören als das Klapp-klapp unserer Holzpantinen und das dann »Halt« des Oberwachtmeisters, »Geräte absetzen! Rühren!«

Hier stand ich, der vierte Mann der ersten Reihe, die schwere Stopfhacke vor mir aufgestützt, schweigsam, ein Zuchthäusler in vielfach geflickten Lumpen, schmutzig, unrasiert, hungrig und müde. Und dort stand sie, acht Meter entfernt, sauber, hübsch, gepflegt, eine junge Frau, deren kleines Gesicht sehr bleich und sehr hell gegen die dunklen Kiefern sich abhob, und ein Leuchten in den dunklen Augen, das ich nie vergessen kann. Ja, wir sahen uns einige Male sogar an, innig und verzweifelt und gleich wieder die Maske des Fremdseins darüber. Der Oberwachtmeister hatte sein Gewehr auf den Boden gestellt und starrte ins Leere. Die Kumpels murmelten leise miteinander, sie stießen einander an und zwinkerten sich zu, wobei sie mit dem Kopf auf das »hübsche Weib« wiesen. Sie ahnten nicht, daß es meine Frau war, daß sie zwei Tage gereist war, um einige Blicke auf diesem einsamen Bahnsteig mit mir tauschen zu können.

Wir waren wie entrückt. Der Bahnsteig lag nicht mehr in dieser Welt. Es war ein Ort des ewigen Wiedersehns, der Verlorenheit und des Sichfindens geworden. Nie hat mein Blut so heftig geklopft, nie war ich so bitterlich verzweifelt. Da begann sie zu pfeifen, wie ein einsames Mädchen aus Langeweile so vor sich hin pfeift. Aber es war eines unserer Lieder, das dünn und zitternd über den Bahnsteig dahergeweht kam. Ich stand wie betäubt, denn als sie aufhörte, pfiff ich die Melodie weiter, leise und fast unhörbar. Paul, der Bibelforscher, stieß mich rauh an: »Laß das besser!«

Der Oberwachtmeister blickte mit seinen grauen Steinaugen träge zu uns herüber: »Pfeift da jemand von euch?« – »Nein«, sagte ich, und damit sie meine Stimme hören sollte, setzte ich hinzu: »Nein, Herr Oberwachtmeister!« Wir hatten uns ein Jahr lang nicht gesehen. Dann kam der Zug, ein letzter Blick, und wir sahen uns ein Jahr lang nicht mehr.

Aus: *Memorial* 136, S. 156 ff.

An einem der furchtbarsten Tage, als wir, vor Hunger fast taumelnd, im Wald Bäume fällten, unbarmherzig angetrieben, frierend im nassen Schnee, in dem wir bis zur Wade herumstapften, blau im Gesicht – der graue Dezembersturm riß an unseren dünnen, abgeschabten Lumpen –, an einem solchen Tag weinte der starke Franz. Er stand von Verzweiflung geschüttelt an einer Kiefer und heulte laut, wobei er das Gesicht an die Rinde preßte.

Der Hunger quälte uns entsetzlich. An diesem Tag hörten wir ein sonderbares Singen durch den Sturm, daraus wurde ein Rauschen, dann ein Donnern. Es kam von oben, und dann sahen wir sie in den schwankenden Wipfeln dieses unendlichen Waldes. Sie waren winzig, sehr hoch, silbrig schimmernd, viele, viele. Es waren die Amerikaner. Das Dröhnen war ganz nah. Wir starrten alle nach oben, zitternd vor Elend, und der starke Franz starrte auch nach oben. Ja, da waren sie. Er weinte nicht mehr. Wir sahen sie zum erstenmal. Da fragten wir uns: Was bedeutet das? Wo ist der Krieg? Wie mag es stehen damit? Es gab noch etwas außer unserer Not. Irgendwo gab es einen Krieg.

Aus: *Memorial* 154, S. 180

Die Rotarmisten hatten alle Türen geöffnet, aber das Eingangstor hielten sie besetzt und ließen niemand heraus. Wir waren Herren des Zuchthauses, aber in den ersten Stunden gab es nur das gespenstische Tohuwabohu der Raserei. Im fahlen, regnerischen Aprillicht lagen Betrunkene auf dem Hof, von überallher ertönte das Gebrüll der Aufseherjagd. Jetzt waren sie die Gejagten. Einige Gefangene hatten bereits ihre Zivilanzüge angezogen. Andere schleppten einen Sterbenden über den Hof.

Hier kam eine Gruppe mit russischen Zigaretten, hier eine mit einer Flasche Schnaps. Hier erbrach sich einer. Hier wurde ein früherer Kalfaktor verprügelt. Hier flogen Papiere aus einem Bürofenster. Dort klirrte Glas. Dort brach eine Tür. Aber alle trugen einen irren, hektischen Glanz im Gesicht und den Wahn im Auge, die armseligen, verfrorenen, verhungerten Elendsgesichter.

Aus: *Memorial* 170, S. 192

Ich fuhr auf einer überfüllten Lokomotive heim nach Berlin. Drei Jahre lang war ich fern gewesen. Mein Anzug war zerrissen, ich war äußerlich verwildert, innerlich verändert, aber ich lebte. Unsere hübsche Atelierwohnung am Wittenbergplatz bestand nicht mehr. Niemand wußte, wo meine Frau war. Ich irrte ratlos umher, dann fuhr ich mit einem geliehenen Rad nach Potsdam, wo eine Schwester meiner Frau gelebt hatte. Ich sah dort auf der Straße unter allen Menschen vor mir eine junge Frau, auf dem Rade. Eine Ahnung ließ mich klingeln. Die Frau vor mir drehte sich um, sie war blaß und ernst. Sie war es. Ihr Rad flog nach links, meins nach rechts, und dann war nichts als schierer Himmel um uns beide. Als sich der Himmel hob, standen rings um uns Leute und lachten.

Von der Gestapo getrennt, vom Schicksal zusammengeführt. Es war wie ein schlechtes Romanende. Aber es war ein Anfang. Und heiliger Ernst.

Aus: *Memorial* 202, S. 224

Wiedersehen mit Zelle 136

Wir biegen mit dem Wagen in die kleine Sackgasse ein, an deren Ende das Portal des mächtigen Strafgefängnisses Spandau steht. Es ist ein schwerer, düsterer Bau aus roten Ziegelsteinen. Durch verschiedene Tore und Gitter – wie sie krachend zuschlagen! – kommen wir endlich in den großen hallenden Hauptflur, der drei Stockwerke hoch ist. Man öffnet uns einige Zellen im Parterre auf der rechten Seite. Es sind die zwölf Zellen, in die in einigen Tagen die Nürnberger Kriegsverbrecher ihren Einzug halten werden.

Ich lasse mir die Zelle 136 aufschließen, in der ich vor Jahren einige Monate verbrachte. Sie ist leer. Eine eisige, finstere Kälte strömt uns entgegen. Es ist dieselbe Kälte wie damals, es ist dieselbe fade Dämmerung, und es ist dieselbe Zelle, in der ich einst gehofft, gebangt und gelitten habe. An diesem uralten, schmutzigen, abgewetzten kleinen Tisch habe ich Tüten geklebt. An diesen Wänden habe ich mit meinen Nachbarn Morse geklopft. Hier habe ich die Fahne geworfen. Aus diesem Fenster sah ich jene schöne Birke, die draußen auf dem Gefängnishof langsam ihre Blätter verlor. Ich bin überwältigt von der Erinnerung und entdecke schließlich den Kalender, den ich damals in die Wand geritzt habe. Jeder Strich bedeutet einen langen Tag. Es sind vier Monatskolonnen, und darüber steht, was ich damals hineinritzte: »Hier wartete auf das Kriegsgericht: G. W.«, rechts von der eisenbeschlagenen Tür, ungelenk hingestrichelt.

Wir treten wieder auf den Gang hinaus, auf diesen dunklen, unheilvollen Gang, auf dem wir damals alle jeden Morgen um neun Uhr antreten mußten, und dieser Moment im Spandauer Strafgefängnis war stets erregend für uns. Es standen auf dem halbdunklen Gang vor ihrer Zellentür sechsunddreißig Männer in Zivilkleidern, bleich, schweigend und regungslos auf beiden Seiten des Flurs, durch den die diensteifrig brüllenden Justizwachtmeister eilten. Ich sehe noch alle die Männer, die heute tot sind. Dreißig von uns sechsunddreißig, die in Plötzensee kurz danach ihr Leben aufgaben, tapfere, freiheitsliebende, saubere Deutsche. Ich sehe den blonden, trotzigen Bildhauer Kurt Schumacher, ich sehe den schönen, ruhigen Walter Husemann, drüben stand der junge Arzt Dr. John Rittmeister, blaß und durchgeistigt, gegenüber der junge blonde Student Heinz Strehlow, der abends nach dem Einschluß

kleine, nachdenkliche Lieder vor sich hin pfiff. Schräg gegenüber stand groß und ruhig Adolf Grimme, der heute Kultusminister ist, neben ihm der sehr junge Student Horst Heilmann, links von mir der Dr. Philipp Schaeffer. Rechts stand der lange Otto Gollnow, siebzehn Jahre alt, der wegen Hochverrats sechs Jahre Zuchthaus erhielt, im Bewährungsbataillon nach Frankreich kam und immer noch nicht zurückgekehrt ist. Und auch das offene Gesicht des Zahnarztes Dr. Himpel schimmerte fahl von drüben. Sie alle standen hier, eine bleiche, schweigende Phalanx von Männern, die für die Freiheit gekämpft hatten und die jetzt mit großem Opfermut ihren Weg ins Dunkel gingen …

Wir werden auf einen jener namenlos traurigen Höfe geführt, die von einer sechs Meter hohen Mauer umgeben sind und in dem einige novemberlich kahle Bäume stehen. Der Rundgang, den die Gefangenen in drei Meter Abstand jeden Morgen zu machen hatten, ist von vielen Spuren ausgetreten. Hier sind auch unsere Spuren in die Spandauer Erde eingegraben, Spuren von sechsunddreißig Männern. Regen steht darin. Ich höre noch die scharfen, martialischen Rufe der Aufseher: »Links, zwei, drei, vier!«, »Drei Meter Abstand!«, »Kopf hoch, wer noch einen hat!«

In der Vorhalle des Gefängnisses, in der ich einst von Gestapoagenten zum erstenmal gefesselt wurde, laden die letzten Gefangenen der Berliner Justiz vor ihrer Verlegung Möbel und Geräte auf Lastwagen. Alliierte Offiziere nähern sich. Das Strafgefängnis Spandau wird heute dem Alliierten Kontrollrat übergeben.

Aus: *Memorial* 204, S. 226 ff.

Mit Brecht im Gestapokeller

Es war sehr leicht, durch eine Lücke im Zaun in den Hof zu gelangen. Früher hatte vor dem Portal ein Doppelposten versteinerter SS-Männer gestanden. Ich war jedoch nie durch das Portal Prinz-Albrecht-Straße gegangen. Ich wurde damals in den Hof gefahren und in den Keller gebracht, wo die Zellen lagen. Warf einer die Tür von außen ins Schloß, drückte die Luft in die Ohren. Es war das Hauptquartier der Gestapo.

Jetzt war es stark verfallen. In der Ruine hing der Fußboden des ersten Stocks wie ein Zelt gebogen abwärts. Es war totenstill. Brecht und ich bogen zuerst in den kleinen Hof ein, in dem damals die sogenannten »Spaziergänge« stattgefunden hatten: sechs Mann, zwanzig Minuten lang, Schweigen. Dann gingen wir in den Warteraum, in dem einst die braunen kirchenstuhlartigen Bänke gestanden hatten, deren Seitenwände ein heimliches Gespräch mit dem Nachbarn erschweren sollten. Ich erklärte ihm das alles. Ich drehte mich um und werde nicht den Ausdruck in Brechts Gesicht vergessen, jenes fast wissenschaftliche Interesse, das mit unterdrücktem Zorn vermischt war. Wir schritten den Gang entlang und musterten die Zellen. Sie waren leer. Geröll lag auf dem Boden, Scherben, militärische Relikte, Gasmaskenbehälter, leere Zigarettenschachteln, gelegentlich ein Foto, ein schmieriges Flugblatt. – Wir betraten meine frühere Zelle, hier hatte ich Monate verbracht. Sie war sehr dunkel.

»War sie immer so dunkel?«

»Ja.«

»War es kalt?«

»Ja, aber nicht so kalt wie in Spandau.«

Die Tür war verschwunden, verheizt. Ich sah Brecht in der Dunkelheit kaum, er stand wie ein Schatten reglos in meiner alten Zelle, die verfallen war. Wir standen lange Zeit reglos. Sie maß in der Breite von der linken Handspitze bis zum rechten Ellenbogen, in der Länge fünf Schritt. Wie viele Gefangene hatten nach mir noch hier gelitten? Ich ging meinen alten Weg, fünf Schritte langsam hin und zurück. Der Schutt auf dem Steinboden knirschte unter meinen Schuhen. Als ich stehenblieb, war es totenstill. Ich hatte wieder das Tresorgefühl. Mir kam der Besuch Brechts in meiner Zelle wie ein kalifornischer Traum vor. Ich dachte an die Zeit damals, als ich hier frierend, fast im Dunkeln, auf dem Schemel saß und wartete. Ich wußte damals,

Brecht lebte in Kalifornien. Da gab es blaue Brandung, Sonne, Hollywood und keine Gestapo.

»Die Dunkelheit muß unerträglich gewesen sein«, stellte er sachlich fest.

»Ja.«

»Wir haben uns das nicht so vorgestellt – damals –«

»Wie?«

»Nicht so korrekt.«

»Willkür kann korrekt sein.«

»Arbeit?«

»Keine Arbeit.«

»Gab's genug zu essen?«

»Ja.«

»Wurde gefoltert?«

»Ja, oben in den Vernehmungsräumen, unter dem Dach.«

»Und gab's Bewegung? Ich meine Gehen?«

»Ja, jeden Tag zwanzig Minuten Spaziergang auf dem Hof. Und dann lief man natürlich den ganzen Tag in der Zelle auf und ab.«

Auch er ging meinen alten Weg, fünf Schritte vor und zurück. Er blieb stehen. Ich hatte damals lange Zeit nicht geglaubt, daß ich das überleben würde. Viele hatten hier ihren Lebensabend verbracht, todesmutige Nachbarn und bleiche Freunde. Das Volksgericht, dessen blutiger Ankläger Lautz heute eine hohe Staatsrente erhält, mähte sie hin. In diesem Keller hatten sie geschwiegen und gelitten. Und drüben stand Brecht wie aus Stein.

»Ungeheuerlich!« murmelte er.

Wir sprachen kein Wort, als wir weitergingen. Durch das verfallene Wachzimmer der SS, durch den Hof, durch die leere, graue Prinz-Albrecht-Straße. Ein Jeep mit amerikanischer Militärpolizei rollte uns langsam entgegen, als handle es sich unter den Stahlhelmen um Gummi kauende Zeugen einer klassischen Tragödie. Sie fuhren sonderbar starr sitzend vorüber.

Tiefrot stand die Novembersonne über Berlin und bemühte sich ein wenig, die Ruinen zu schminken, aber auch sie versagte bald. Die Furchtbarkeit ließ sich nicht verbergen.

Aus: *Der gespaltene Horizont. Niederschriften eines Außenseiters*, a. a. O., S. 351 f.

Harro und Libertas

Ein Mann tritt eilfertig in das Zimmer, ein hoher Beamter in Ostberlin. Wir begrüßen uns. Ein Amtsgehilfe trägt das Buch. Es ist ein mächtiger dicker Band, den er auf den Tisch legt. – Es ist ein sehr helles Zimmer, und draußen scheint die fröhliche Sonne Berlins.

Es wird irgend etwas von Zufall, von Aufbewahrung, von Tresor gesagt. Ich trete an den Tisch und schlage das Buch auf.

Da sind sie alle. Da sind die Fotos. Es sind die letzten Abbildungen ihrer Gesichter, und dies ist ein sogenanntes »Verbrecheralbum« der Gestapo. Es sind sehr viele Seiten, die ich umblättere. Ich staune darüber, wie viele Menschen damals in unserem Prozeß verurteilt worden sind. Das Buch hört nicht auf, und die meisten dieser vielen Gesichter sind die von Hingerichteten. Ich kenne nur wenige von ihnen, und nur wenige haben überlebt. Aber ich finde die Gesichter unserer Freunde:

Das trotzige Gesicht des Bildhauers Kurt Schumacher zeigt noch Spuren der Mißhandlungen. Da ist das reine Antlitz von Mildred Harnack, jener sensiblen Amerikanerin, die mit den Worten starb: »Und ich habe Deutschland so geliebt ...«

Da ist Walter Husemann, der mir durch das Zellenfenster einst zurief, ich hörte seine Stimme genau im Wind: »Hör zu, wenn du rauskommst, sag allen, ich wär fröhlich gestorben ...«

Da ist das lächelnde Gesicht der zweiundzwanzigjährigen Eva-Maria Buch, von der der Anstaltspfarrer berichtete: »Sie starb wie eine Heilige ...«

Da ist die Studentin Ursula Goetze, die sich selbst belastete, um andere zu retten.

Da ist der lungenkranke Student Horst Heilmann, der als einzigen Wunsch äußerte, nach Harro Schulze-Boysen erschossen zu werden.

Und da ist das schmale Gesicht von Dr. Philipp Schaeffer. Ich sehe ihn noch neben mir vor dem Reichskriegsgericht sitzen. Als einer der Generale ihm vorwarf, daß er die Tätigkeit der Gruppe nicht angezeigt habe, erhob er sich mühsam mit Hilfe seiner Krücken und erklärte: »Meine Herren, ich bin gefragt worden, warum ich diese Sache nicht angezeigt habe. Dazu kann ich nur erwidern: Ich bin kein Handlanger der Polizei.« Und er setzte sich. Er trug Krücken, weil er bei der Hilfe

für ein jüdisches Ehepaar, das Selbstmord begehen wollte, vom dritten Stock auf die Straße gestürzt war. Er wurde hingerichtet wie alle, die hier genannt sind.

Als ich das Amt verließ, begleiteten die Gesichter mich. Und sie werden nie von meiner Seite weichen.

Da ist Harro, ein schönes, ein nobles Gesicht. Der ganze Mann, wie er dastand, war ein Bild dessen, was sich Militärs damals von einem jungen Offizier erträumten, gut gewachsen, blauäugig, kühn, Oberleutnant der Luftwaffe, Sohn eines Kapitäns zur See, aus der Familie jenes Admiral Tirpitz.

Aber darüber hinaus das Eigene, Unverwechselbare: zunächst die Vergnügtheit, die Heiterkeit eines sicheren Menschen, dann die helle Lust an der Debatte, das Florettieren mit Argumenten, der Fechterglanz in den Augen. Dahinter wieder der suggestive Schwung eines jungen Politikers, der sah, der mitriß. Und tief innen die Leidenschaft, die bitter erarbeitete Einsicht. Welchen Weg hatte der mit dreiunddreißig Jahren Hingerichtete hinter sich, der mir zum ersten Male in einer öffentlichen Berliner Studentendebatte, die meinem ersten Roman »Barbaren« galt, damals noch als Vertreter des »Jungdeutschen Ordens« entgegengetreten war. Kurz nach dem Reichstagsbrand verhaftet, lernte er als einer der ersten die blutigen SA-Methoden am eigenen Leibe kennen. Wieder freigelassen, begann er seine illegale Arbeit. Nach einigen Jahren wurde er Fliegeroffizier. Es sammelte sich ein Kreis um ihn, der jede Woche einmal in seiner Atelierwohnung diskutierte.

Es haben wenige Menschen so an sich gearbeitet wie Harro, der nebenbei als einer der aussichtsreichsten Offiziere des Reichsluftfahrtministeriums galt.

Wie viele tausend Treffs, wie viele geflüsterte Unterhaltungen hat er geführt, wie viele Bedenken beseitigt, ein Mann ohne Angst, der die gefährlichsten Aufträge selbst übernahm, der Bewunderung hinterließ, wenn er ging. Ein Mann wie eine Flamme.

Als nach den fünf langen Jahren der illegalen Arbeit, die sich immer mehr verstärkte, je größer die Triumphe Hitlers wurden, im Winter 1942 der Schulze-Boysen-Harnack-Prozeß vor dem Reichskriegsgericht in Berlin begann, waren vierhundert Menschen verhaftet und eine der größten Widerstandsorganisationen während des Nazireichs aufgeflogen. Hitler, aufs äußerste alarmiert, ließ sich jeden Abend Bericht erstatten, stieß Urteile um und fabrizierte das Gesetz der »Feindbegünstigung«. Von fünfundsiebzig Angeklagten wurden neunundfünfzig hingerichtet. Einige töteten sich selbst.

Harro und Harnack erweckten die Bewunderung der richtenden Generale. Sie wurden mit neun Kameraden am Tage vor Weihnachten in Plötzensee erhängt. Dann prasselten die Todesurteile, die Gestapo arbeitete fieberhaft, der Keller in der Prinz-Albrecht-Straße 8 war so überfüllt, daß die Gestapo einen Teil des Strafgefängnisses Spandau beschlagnahmte. Einen Haftbefehl erhielten die Angeklagten nach rund drei Monaten Haft, die Anklageschrift wurde durch einen Gestapobeamten jedem etwa drei Minuten lang in die Zelle gehalten. Als wir die Tür zum Verhandlungsraum durchschritten, stieß einer der überlasteten Offizialverteidiger zu uns, die häufig nicht einmal wußten, wer der zu Verteidigende war. Der ganze Prozeß war in viele Einzelprozesse aufgeteilt, ein Trick, der es möglich machte, die Aussagen der Angeklagten jeweils als Zeugenaussagen zu werten, und der außerdem den Umfang des Gesamtprozesses verschleierte. Der ganze Komplex war als »Geheime Kommandosache« deklariert worden. Wer also darüber sprach, verübte »Feindbegünstigung« und riskierte sein Leben.

In seinem letzten Brief schrieb Harro Schulze-Boysen: »Ich habe den Tod längst überwunden. In Europa ist es nun einmal so üblich, daß geistig gesät wird mit Blut.«

Da ist Libertas, seine Frau, sie war schlank und jung. Sie war die Enkelin jenes Fürsten Eulenburg, der die »Rosenlieder« für Wilhelm II. gedichtet hatte und einstmals Hofmarschall des letzten Kaisers war.

Sie ritt ausgezeichnet, und ich vergesse nicht, wie sie eines Tages heftig atmend und voller Lebensfreude strahlend auf mich zukam, das Pferd am Zügel. Das Gut Liebenberg war riesig, in der düsteren Halle des Schlosses standen leere Ritterrüstungen umher, und wir lachten miteinander. Drei Jahre später wurde sie in Plötzensee aufgehängt.

Sie war mit einem Mann verheiratet, den sie liebte, und sie arbeitete mit ihm und schrieb illegale Texte, gefährliche Aufrufe und Botschaften. Sie wollte leben. Wir saßen im Schloß beim Tee, wir segelten zusammen auf dem Wannsee, und wir hatten viele Gespräche miteinander. Sie wollte leben. Sie wollte nicht mehr illegal arbeiten, aber sie konnte Harro nicht im Stich lassen. Sie hat fünf Jahre lang treulich für ihn gearbeitet, und auf jede einzelne dieser Arbeiten stand der Tod … Und dann kamen die Verhaftungen, und die Gestapo holte sie aus dem Schnellzug.

In ihrer Zelle befand sich eine fremde Frau, eine Spitzelin der Gestapo. Libertas war erregt. Sie suchte Verständnis. Sie erzählte. Sie hatte viel zu erzählen. In ihrem letzten, heimlichen Brief, den sie am Tage ihrer Hinrichtung, kurz vor Weihnachten, am 22. Dezember 1942 schrieb, berichtet sie:

»Ich hatte noch den bitteren Kelch zu trinken, daß ein Mensch, dem ich mein volles Vertrauen geschenkt hatte, Gertrud B., mich (und Dich) verraten hat, aber – ›und iß die Früchte deiner Taten, denn wer verrät, wird selbst verraten …‹ Auch ich habe aus Egoismus Freunde verraten, ich wollte frei werden und zu Dir kommen –. Aber glaube mir, ich hätte an dieser Schuld unsagbar schwer getragen. Jetzt haben mir alle verziehen, und in einer Gemeinsamkeit, die nur angesichts des Todes möglich ist, gehen wir dem Ende entgegen …«

Der letzte Satz des letzten Briefes von Libs, so nannten wir sie, lautete:

»[…] Macht es mir ›drüben‹ nicht schwer mit Tränen, freut Euch mit mir. Ich habe es gut. Dein Kind« …

Aus: *Der gepaltene Horizont*, S. 338 ff. (gekürzt)
Dazu heißt es in dem Band Regina Griebel, Marlies Coburger, Heinrich Scheel, *Erfasst? Das Gestapo-Album zur Roten Kapelle*: Eine Fotodokumentation. Halle/S. 1992: »Der Text von Günther Weisenborn entstand um 1950 und enthält einige Ungenauigkeiten, die dem Erkenntnisstand der Nachkriegszeit entsprachen … Zu den angesprochenen Praktiken des Reichskriegsgerichts ist folgendes richtigzustellen: Bereits seit dem deutschen Überfall auf die UdSSR 1941 konnten Vergehen des ›Hochverrats‹ zugleich als ›Feindbegünstigung‹ gewertet werden … Eine Aufteilung in Einzelprozesse war bei umfangreichen Vorgängen nicht unüblich. Auch innerhalb eines Einzelprozesses konnten Aussagen von einzelnen Angeklagten gegen andere verwendet werden.« (S. 280)

Statt einer editorischen Notiz

Zur Erstausgabe von 1984

»Das ist das Kostbarste, was ich habe«, sagt Joy Weisenborn und legt einen kleinen Stoß Briefe vor uns auf den Tisch. Vergilbt, zerknittert und ungeordnet, ist die Bleistiftschrift an manchen Stellen längst unleserlich geworden, ist an anderen die Tinte von Tränen verwischt: Die Briefe sind 40 Jahre alt. Es sind die Briefe, die Günther und Joy Weisenborn nach ihrer gemeinsamen Verhaftung am 26. September 1942 im Zusammenhang mit der Zerschlagung der Widerstandsgruppe um Harro Schulze-Boysen und Arvid Harnack durch die Gestapo einander geschrieben haben, beide in Einzelhaft, Günther Weisenborn zuerst im Keller der gefürchteten Gestapo-Hauptzentrale in der Prinz-Albrecht-Straße, danach in der Zitadelle Spandau, Joy Weisenborn im berüchtigten Gefängnis Alexanderplatz und später in Charlottenburg. Und es sind die Briefe, die beide vom 12. April 1943, dem Tag der Entlassung von Joy Weisenborn, bis April 1945 gewechselt haben, in der Zeit, als Günther Weisenborn im Zuchthaus Luckau war.

Zwischen den Briefen liegen kleine, aus einem Taschenkalender herausgerissene Blätter mit Liedern und Versen, die »Pitt« (d. i. Günther Weisenborn) in dieser Zeit für »Joyken« (d. i. Joy Weisenborn, eigentlich Margarete Weisenborn, geb. Schnabel) gedichtet und ihr zum Teil als Kassiber geschickt hat. Darunter ein Heft, zusammengehalten mit einer weißen Schleife: *Joykens Gefängnislieder*, eine schmale Gedichtsammlung, die Günther Weisenborn seiner Frau zu Weihnachten 1942 durch einen Gestapomann hat überbringen lassen.

Durch Zufall sind die Dokumente fast vollständig erhalten geblieben: Bei ihrer Entlassung im April 1943 konnte Joy Weisenborn die an sie gerichteten Briefe und Gedichte mitnehmen, und einige Zeit später, als Günther Weisenborn bereits unterwegs ins Zuchthaus Luckau war, wurde ihr von der Gestapo der Koffer ihres Mannes ausgehändigt – zwischen Wäsche, Wanzen und Manuskripten fand sie ihre eigenen Briefe. Die Briefe von Joy Weisenborn an Günther Weisenborn aus der Zuchthauszeit sind ebenfalls erhalten, so daß der Briefkomplex insgesamt 88 Briefe umfaßt. Trotz Krieg und Zusammenbruch hat Joy Weisenborn dies alles gerettet. Ob im Zug oder im Luftschutzkeller: überall trug sie die Briefe, Gedichte und Dokumente aus dieser Zeit bei sich, zum Schluß auf der Flucht von Pommern nach Berlin zurück im Rucksack – »anstelle von Wurst und Speck« –, und noch heute hat sie ein Buch bei sich, zwischen dessen leere Seiten sie die Gedichte und Briefe ihres Mannes gelegt hat, die ihr am meisten bedeuten.

Wir sitzen vor dem kleinen Tessiner-Haus in Agarone. Am Hang liegend, sieht man von hier hinaus ins Tal, fast bis nach Ascona, dem Treffpunkt vieler Emigranten während und nach dem Zweiten Weltkrieg. Hierhin haben sich die Weisenborns seit Ende der fünfziger Jahre jeden Sommer zurückgezogen, hier ist das ersehnte »Barning«, jenes Bauernhaus an der Ostsee, das Günther Weisenborn während der Haftzeit, wie die Briefe zeigen, in seinen Gedanken und Träumen immer wieder umkreiste, Wirklichkeit geworden. Hier konnte er in Ruhe arbeiten, hier entstand *Der gespaltene Horizont*, worin er einleitend sein Arbeitszimmer und die Tessiner Umgebung beschreibt. Hier war man wohltuend befreit von der Hektik des Kultur- und Theaterbetriebes nördlich der Alpen. Und hier verloren sich auch die Schatten der Vergangenheit.

»Macht damit, was ihr wollt«, sagt Joy Weisenborn abschließend, einen Augenblick zögernd, denn sie weiß: Zum ersten Mal nach 40 Jahren werden das wieder fremde Augen lesen, damals waren es die Gestapobeamten, die jeden Brief kontrollierten. Wir wissen: Hier vertraut uns jemand sein Kostbarstes an. Weinlaub hängt schwer und saftig über uns. Es ist ein stiller Spätsommerabend, warm und friedvoll.

Zurück im Hotel in Ascona, lesen wir die halbe Nacht. Vieles ist in den Briefen nur noch schwer zu entziffern. Es sind sehr persönliche Briefe, die einen eigenartig berühren. Weil sie so einfach, so unprätentiös, beinahe alltäglich, so ohne Reflexion über die Situation sind? Viel eher, weil sie trotz der Bedingungen, unter denen sie geschrieben wurden, so stark, so vital, so lebensfroh und lebenshungrig sind. Wir entschließen uns, einen Teil der Briefe, nämlich die zwischen dem 8. Oktober 1942 und 8. April 1943 »von Zelle zu Zelle« geschriebenen, zu veröffentlichen sowie zwei Briefe nach Joy Weisenborns Entlassung, insgesamt 37 Briefe.

Was jetzt in dieser Ausgabe vorliegt, ist kein literarischer Briefwechsel im üblichen Sinn, schließlich entstand er unter extrem unüblichen Bedingungen: Isoliert, jeder schrieb oft ins Leere, ohne zu wissen, ob der andere den Brief wirklich erhielt oder den vorangegangenen erhalten hatte. Gerade deshalb wurde bewußt auf eine Auswahl verzichtet, denn das hätte ein Herausbrechen winziger Steine aus dem Mosaik eines ungesicherten Hin und Her an Gedanken bedeutet. Gerade die Einzelheiten, manchmal nur Nebensächlichkeiten, beschreiben den Gefangenenalltag in Gestapohaft mit seiner Qual, seinen Müdigkeiten. Gerade sie vermitteln das Gefühl jener Einsamkeit, des Verlorenseins, der Unsicherheit und Ungewißheit, vor allem aber der Angst – und das Warten, Warten, Warten. In Zusammenarbeit mit Joy Weisenborn wurden lediglich aus Rücksicht auf Lebende kleinere Kürzungen vorgenommen.

Darüber hinaus sind dies die einzigen bisher publizierten authentischen Zeugnisse einer Zeit, die für den Günther Weisenborn nach 1945, für den »Mann der ersten Stunde«, für den Verfasser der *Illegalen*, von *Memorial*, *Der lautlose Aufstand*, der *Göttinger Kantate*, prägend geworden ist. In seinen Zeilen drückt er seine Hoffnung auf eine bessere, friedliche Gesellschaft aus, den Glauben an die neue Zeit, »wenn alles vorbei ist«. Hier wird der »Zeuge« geboren, der überleben will, damit er die Menschen später zur »Trauerarbeit« aufrufen kann.

Die ihm dies Überleben mit ermöglicht hat, ist seine Frau Joy, deren Briefe jene Herzenswärme, unerschütterliche Treue und Fröhlichkeit ausstrahlen, die eine Mitgefangene, die Ärztin Dr. Elfriede Paul, so ausdrückt: »Anregungen ganz anderer Art, emotionelle Hilfe, erhielt ich auf einfache Weise von ›Schnäbelchen‹, Günther Weisenborns Frau Joy. Sie saß, nur durch eine große Gemeinschaftszelle der Zigeuner von mir getrennt, hinter Gittern. Abends erfreute und erheiterte sie uns durch ihre Lieder. Joy sang und war lustig, trotz des Kummers um ihren Günther ...« (Zit. nach: Elfriede Paul, *Ein Sprechzimmer der Roten Kapelle*. Hg. von Wera Küchenmeister. Berlin 1981, S. 155) Nicht umsonst hat Günther Weisenborn seine Frau »Joy« genannt. Doch die Erfahrung der Haftzeit läßt sich auch für sie bis heute nicht abschütteln.

Die Informationen und Zitate der Anmerkungen beruhen auf Gesprächen mit Joy Weisenborn in Agarone, Ascona und Zürich. Nicht immer fiel ihr die Erinnerungsarbeit leicht: »Nein, gesprochen haben wir über jene Zeit später eigentlich nie. Das war ein Abschnitt, der war vorbei. Wir wollten doch endlich leben ...«

Anders als üblich beziehen sich die Anmerkungen zwar auf einzelne Briefstellen, gleichzeitig wird darin aber auch auf oft zeitlich später liegende Ereignisse vorgegriffen, die dann nicht mehr an der entsprechenden Textstelle erläutert werden. Dennoch wollen die Erläuterungen kein interpretierender Kommentar sein, sondern lediglich die notwendigen Informationen zu einem besseren, »inneren« Verständnis der Briefe vermitteln. Die Orthographie sowie die Zeichensetzung wurden der üblichen Schreibweise angeglichen. Zur Orientierung des Lesers wurden jedem Brief einheitlich Absender, Ort und Datum (falls im Original nicht angegeben: in eckigen Klammern) vorangestellt.

Wir danken Joy Weisenborn für ihr Vertrauen, ihre Offenheit und ihre Mitarbeit an diesem Buch. Gewidmet ist es all jenen, die in ähnlicher Situation ähnliche Worte finden und gefunden haben, die jedoch verloren, verschollen sind.

Zur Neuausgabe

»Doch treten in tragischen Geschichten, die einem das Herz zusammenschnüren…, heroische oder anziehende Gestalten auf: die Bewunderung oder Freundschaft, die ich für sie empfinde, durchströmt mich mit einem Glücksgefühl. Zudem ist die Neigung, Kenntnis von allem zu erhalten, so tief in mir eingewurzelt, daß die Enthüllung der Realität, mag sie auch noch so schrecklich sein, mich fast immer in eine Art von Rausch versetzt.«

Dies schrieb die französische Schriftstellerin und Philosophin Simone de Beauvoir 1972 in ihren Erinnerungen *Alles in allem* nach der Lektüre des Buches *L'orchestre rouge* des französischen Publizisten Gilles Perrault (dt. *Auf den Spuren der Roten Kapelle*. Frankfurt a. M./Wien 1992). Das Buch war 1967 in Paris erschienen, fußte zum ersten Mal auf Zeugenaussagen und leitete damit im westlichen Europa einen Perspektivwechsel im Hinblick auf die Rote Kapelle ein, die damals – noch mitten im Kalten Krieg – als eine von Moskau gesteuerte Spionagegruppe diffamiert wurde.

Als 1984 die Briefe von Günther und Joy Weisenborn aus ihrer Haftzeit u. d. T. *Einmal laß mich traurig sein* erschienen, hatten sich mittlerweile auch westdeutsche Historiker und Journalisten des Themas Widerstand gegen Hitler angenommen und begannen, Überlebende als Zeugen zu befragen, wie es z. B. Hermann Vinke für sein vielgelesenes Buch über *Das kurze Leben der Sophie Scholl* (1980) getan hat. Doch erst nach der Wende setzte ein öffentliches Interesse ein. 1992 erschien u. a. eine der wichtigsten Veröffentlichungen über die Schulze-Boysen-Harnack-Gruppe: die Fotodokumentation *Erfasst? Das Gestapo-Album zur Roten Kapelle* von Regina Griebel, Marlies Coburger und Heinrich Scheel (Halle a. d. S. 1992). Seitdem ist eine Flut an Erinnerungen und authentischen Zeugnissen, Briefen und Tagebüchern publiziert worden.

Die Erstausgabe des Weisenborn-Briefkomplexes mit Auszügen aus Gesprächen zwischen Joy Weisenborn und mir, die ich für die Anmerkungen nutzen konnte, fand damals bedauerlicherweise kaum

Beachtung, sie ist seit langem vergriffen. Inzwischen liegen die Originale der Briefe in der Handschriftenabteilung des Deutschen Literaturarchivs in Marbach a. N., dessen Leiter Dr. Ulrich von Bülow ich an dieser Stelle ebenso wie der wissenschaftlichen Mitarbeiterin Jutta Reusch für die unbürokratische Unterstützung herzlich danke. Danken möchte ich besonders herzlich Hermann Vinke, der sich seit längerem mit dem Thema Rote Kapelle in zahlreichen Veröffentlichungen, so z. B. in seinem Porträt *Cato Bontjes van Beek. »Ich habe nicht um mein Leben gebettelt«* (Arche 2003), beschäftigt, für seine Bereitschaft, ein einführendes Porträt von Günther Weisenborn zu entwerfen. Zuletzt und zugleich zuerst habe ich den beiden Söhnen Christian und Sebastian Weisenborn und Ruth Weibel, Agentur Liepman, Zürich, für die Publikationserlaubnis zu danken.

In dem obigen Text, der die Originalausgabe von 1984 beschloß, habe ich den glücklichen Augenblick der Begegnung mit Joy Weisenborn geschildert, als diese uns jene Briefe zur Publikation übergab, die vor 40 Jahren, heute also vor 60 Jahren, geschrieben wurden. Damals entschlossen wir uns, nur jene Briefe zu edieren, die Günther und Joy Weisenborn zwischen dem 8. Oktober 1942 und dem 16. April 1943 miteinander gewechselt haben – ein geschlossener Komplex aus einer abgeriegelten Welt, die nur manchmal, wenn die Gefangenen über den Kurfürstendamm oder durch den Tiergarten in die Prinz-Albrecht-Straße gefahren wurden, sichtbar und fühlbar wurde. Dieser Briefkorpus wurde für die vorliegende Neuausgabe um einige Briefe und Kassiber von Günther Weisenborn an Joy Weisenborn aus der Zeit nach dem 16. April 1943 erweitert. Sie erzählen eindrucksvoll, wie der Verfasser allmählich aus seiner Erstarrung über das Erfahrene erwachte und in langen Kassibern seiner freigelassenen Frau Joy zum ersten Mal von seinen quälenden Erinnerungen berichtete. Angefügt wurde auch der erste Brief, den Weisenborn aus dem Zuchthaus Luckau geschrieben hat – eine penible Dokumentation erster Eindrücke. Schmerzlich vermißte ich bei der Kommentierung die Informationen von Joy Weisenborn, die 2004 neunzigjährig verstorben ist.

Erweitert wurde der Band darüber hinaus um wichtige Zitate aus

Weisenborns *Memorial*, seinem »Hauptwerk«, wie er es nannte. Diese Texte geben einen konkreten und zugleich erschütternden Einblick in das, was Günther Weisenborn in seinen Briefen verschweigen mußte. Außerdem wurden im Gegensatz zur Originalausgabe die *Lieder*, die Weisenborn für Joy gedichtet hatte, soweit aufgrund der Datierung möglich, in den Briefteil integriert. Einige Lieder mußten deshalb entfallen. Die bisherigen editorischen Kriterien wurden beibehalten.

»Glücksgefühl« und »Rausch«? Zu erwarten, daß dies, wovon Simone de Beauvoir spricht, auch bei der Lektüre dieses Buches empfunden wird, scheint fast zu gewagt. Dennoch: Wenn Ferne in jedem Wort, in jedem Gedanken, in jeder Zeile zur Nähe wird und wenn diese Nähe endlich wieder Wirklichkeit ist – mit anderen Worten: »Wenn wir endlich frei sind« –, in solchen Momenten der Lektüre empfand ich Ähnliches.

Zürich/Hamburg, Januar 2008 Elisabeth Raabe

Zeittafel zu Günther Weisenborn

1902 10. Juli geb. in Velbert/Rheinland.

1922 Abitur und Beginn des Studiums der Medizin, Germanistik und Philosophie in Bonn.

1928 Uraufführung von *U-Boot S 4* an der Volksbühne Berlin unter der Regie von Ernst Piscator (Hauptrolle: Heinrich George).

1929 Siedelt nach Berlin über. Arbeitet mit Brecht.

1930 Ein Jahr lang Postreiter in Argentinien. Schreibt den Studentenroman *Barbaren*. Nach der Rückkehr nach Berlin gemeinsame Arbeit mit Brecht, Eisler und Elisabeth Hauptmann an der *Mutter* nach Gorki. Uraufführung der *Arbeiter von Jersey* im Landestheater Coburg. SA-Trupps skandalieren.

1932 Schreibt Songs für Lotte Lenya, Trude Hesterberg, Valeska Gert, Kate Kühl. Uraufführung der *Mutter* in Berlin. Schreibt mit Richard Huelsenbeck die Komödie *Warum lacht Frau Balsam?*

1933 Die *Barbaren* werden verbrannt. Bei der Uraufführung von *Warum lacht Frau Balsam?* (Hauptrolle: Agnes Straub) kommt es zu Tumulten. Das Stück wird von den Nazis verboten.

1934 Uraufführung *Die Neuberin* mit Agnes Straub. Wird in Berlin 265mal gespielt.

1935 Der Roman *Das Mädchen von Fanö* erscheint.

1936 Ausreise nach den USA. Als Lokalreporter in New York.

1936/39 Rückkehr nach Deutschland, Begegnung mit Harro Schulze-Boysen. Beginn der illegalen Arbeit. Wird literarischer Vertreter der Filmfirma Metro-Goldwyn-Mayer. Schreibt unter Pseudonym Christian Munk.

1939 *Die einsame Herde. Die Furie. Die guten Feinde.*

1939 Lernt seine spätere Frau Joy kennen.

1941 Chefdramaturg am Berliner Schiller-Theater (Intendant: Heinrich George), außerdem Leiter der Kulturredaktion am Großdeutschen Rundfunk. Verstärkte Widerstandsarbeit in der Gruppe Schulze-Boysen-Harnack. Das *Mädchen von Fanö* wird verfilmt mit Paul Wegener, Brigitte Horney, Gustav Knuth, Joachim Gottschalk. Heiratet.

1942 26. September. Verhaftung zusammen mit seiner Frau Joy durch die Gestapo. Neun Monate in Einzelhaft.

1943 5. und 6. Februar. Prozeß vor dem Reichskriegsgericht: Antrag auf Todesstrafe. Verurteilung durch das Reichskriegsgericht zu drei Jahren Zuchthaus. Tod der meisten Freunde. Bis Kriegsende im Zuchthaus Luckau/Niederlausitz unter härtesten Bedingungen.

1945 Befreiung durch die Rote Armee. Bürgermeister von Luckau. Gründet zusammen mit Karl Heinz Martin das Hebbel-Theater in Berlin. Zusammen mit Herbert Sandberg Hg. der US-lizenzierten Zeitschrift *Ulenspiegel.*

1946 Widerstandsdrama *Die Illegalen*. Geburt des ersten Sohnes.

1947 *Memorial* erscheint. Uraufführung von *Babel* in Konstanz und Berlin. Aufenthalt in Zürich auf Einladung des Verlegers Oprecht. Wiederbegegnung mit Brecht. Einladung des sowjetischen Schriftstellerverbandes in Moskau und Leningrad. *Ulenspiegel* stellt sein Erscheinen wegen des beginnenden Kalten Krieges ein. Geburt des zweiten Sohnes.

1948 Umzug nach Engelwies am Bodensee.

1949 Uraufführung der *Ballade vom Eulenspiegel*, *vom Federle und von der dicken Pompanne* im Deutschen Schauspielhaus Hamburg. Vortrag an der Sorbonne.

1951 Umzug nach Hamburg. Chefdramaturg an den Hamburger Kammerspielen. Uraufführung der Komödie *Drei ehrenwerte Herren* und der *Spanischen Hochzeit.* Gründet das Dramaturgische Kollegium.

1953 *Der lautlose Aufstand*, der erste dokumentarische Bericht über die deutsche Widerstandsbewegung, erscheint.

1955 Uraufführung der Komödie *Zwei Engel steigen aus* in Mannheim.

1956 Uraufführung von *Das verlorene Gesicht*, gleichzeitig in Mannheim und Berlin. Bundesfilmpreis für das Filmdrehbuch *Der 20. Juli.* Reisen nach Prag, Warschau und London. Reise nach China. Romane *Der dritte Blick* und *Auf Sand gebaut* erscheinen.

1957 Vorträge in Frankreich.

1958 Uraufführung der *Göttinger Kantate.*

1959 Uraufführung des Schauspiels *15 Schnüre Geld* am Thalia-Theater in Hamburg.

1960 Das Stück *Die Familie von Makabah* erscheint.

1961 Reise nach Moskau und anschließend nach China sowie nach Burma und Indien. *Am Yangtse steht ein Riese auf* erscheint.

1963 Der Roman *Der Verfolger* erscheint.

1964 Schwer erkrankt. Umzug nach Westberlin. *Der gespaltene Horizont* erscheint.

1965 Uraufführung von *Das Glück der Konkubinen* in Rostock.

1966 Reisen nach London und New York.

1968 Besucht zum zweiten Mal die Sowjetunion. Verschiedene Reisen ins europäische Ausland.

1969 26. März in Berlin gestorben.

Joy Weisenborn, geb. 1914 in Wuppertal-Barmen. Mehrere Jahre in Holland, England und Frankreich. Seit 1938 in Berlin, wo sie zunächst bei Libertas und Harro Schulze-Boysen wohnte. Lernte 1939 Günther Weisenborn kennen, heiratete 1941. Vom September 1942 bis April 1943 in Gestapohaft. Lebte bis zu ihrem Tod 2004 in Agarone/Tessin.

Hermann Vinke, geb. 1940 in Rhede-Ems, Niedersachsen. Studium der Geschichte und Soziologie in Hamburg. Redakteur bei verschiedenen Tageszeitungen und beim Norddeutschen Rundfunk in Hamburg. 1981–1986 Fernostkorrespondent der ARD in Japan; 1986–1990 USA-Korrespondent des NDR und des WDR. 1991–1992 Leiter des ARD-Studios Berlin/Ostdeutschland. 1992–2000 Programmdirektor Hörfunk Radio Bremen. 2000–2002 ARD-Korrespondent Osteuropa/Baltikum. Lebt als freier Autor in Bremen. Mehrere Auszeichnungen, darunter Deutscher Jugendbuchpreis 1981 für *Das kurze Leben der Sophie Scholl*. Bei Arche erschienen: *Cato Bontjes van Beek. »Ich habe nicht um mein Leben gebettelt«*. Ein Porträt (2003), *Fritz Hartnagel. Der Freund von Sophie Scholl* (2005).

Elisabeth Raabe, geb. in Oldenburg i. O., Studium der Literaturwissenschaft, Geschichte und Publizistik, Lektorin und Verlegerin.